MACHINES A VAPEUR

A

l'Exposition Universelle de Paris 1889

LES

MACHINES A VAPEUR

A

l'Exposition Universelle de Paris 1889

PAR

J. BUCHETTI

Ingénieur civil.   Ex-constructeur

E. C. PARIS — A. M. AIX

TEXTE

Avec un ALBUM de 40 planches in-f°

PRIX : 50 FR.

Propriété de l'Auteur. — Tous droits réservés.

Chez l'Auteur

11, Rue Guy-Patin, 11

PARIS — 1890

ERRATA

Page 37, ligne 17, *au lieu de* devant   *lisez* devaient

» 126, » 5-6, » $A = 280 - B = 470$ » $A = 280$ $B = 400$
                   $C = 400$ $D = 510$ » $C = 470$ $D = 510$

TABLE DES MATIÈRES

PRÉFACE.. v

CHAPITRE PREMIER

Machines à tiroirs plans ou cylindriques conduits par l'excentrique fixe.

Pages.

Compound pilon des anciens établissements Cail.. 1
Machines de MM. Sautter, Lemonnier et Cie.. 5
    »   Compound pilon, Compound à axe central, Woolf-tandem............... 7-8-9
    »   de MM. Davey, Paxmann et Cie... 10
Compound de la Société « le Phœnix » système Hertay.................................. 16
Machine horizontale de M. Escher Wyss et Cie... 23
Petit moteur horizontal ou vertical de M. Escher Wyss et Cie....................... 24
Petit cheval alimentaire de M. Escher Wyss et Cie..................................... 26
Compound de la Compagnie de l'Horme, système Bonjour............................... 27
Machine à un cylindre de la Compagnie de l'Horme, système Bonjour................ 32
Moteurs à pistons distributeurs de la Compagnie de l'Horme, système Bonjour..... 38
Machine pilon de M. Borssat, système Bonjour-¹.. 42
    »   Woolf de la Société alsacienne... 46
    »   de la Société de Bâle, système Burgin.................................. 46
Machines de M. Weidknecht, système Brown.. 47
    »   mi-fixes de M. Weidknecht.. 51
Woolf pilon de MM. Douane, Jobin et Cie, système Quéruel........................... 53
Compound pilon de la maison Bréguet... 54
    »   fixe de M. Chaligny et Cie... 56
    »   pilon de MM. Buffaud et Robatel..................................... 57
Machines et dispositifs divers de M. Damey.. 59
Compound pilon avec pompe rotative, de la Compagnie de Fives-Lille............... 62

CHAPITRE II

Machines à grande vitesse avec tiroir à course variable.

Machines à détente asservie, de la M^on J. Farcot et fils, système Farcot........... 62
    »   de la Compagnie Straight-line, système Swett......................... 67
    »   à grande et moyenne vitesse de MM. Lecouteux et Garnier........... 71
    »   pilon de J. Boulet et Cie... 78

Compound pilon des ateliers d'Oerlikon, système Hoffmann...................... 80

Moteurs simples,   id.   id.   id.   84

Petit moteur d'Oerlikon.... 85

Machine de M. Deville-Chatel, système Frikart. 86

    »   Woolf pilon de MM. Sulzer frères............................... 88

    »   id. horizontale de la société de Winterthur.......... 89

CHAPITRE III

Machines à distributeurs rotatifs.

Machines à robinet distributeur de M. V. Bietrix et Cie........................ .. 91

    »   Compounds horizontale   id.   id.   à 1 ou 2 distributeurs...... 94

    »   Compound pilon   id.   id.   95

    »   Tandem mi-fixe   id.   id.   .... »

Moteur pilon de MM. Mégy, Echeverria et Bazan, système Mégy.............. 98

    »   à fourreau de MM. Mégy, Echeverria et Bazan   id.   99

    »   rotatif « Torpille », système L. et C. Taverdon........................ 100

    »   à piston distributeur, système de Montrichard........... 103

CHAPITRE IV

Machines à quatre distributeurs et déclics, genre Corliss.

Machine simple de 1000 chevaux de M. J. Farcot et ses fils..................... 105

    »   »   de MM. Lecouteux et Garnier... 110

    »   »   de M. Schneider et Cie, au Creusot........................ .. 114

    »   Compound de M. Berger-André. Corliss 1887........ 117

    »   »   de M. Escher Wyss et Cie, système Frikart..................... 118

    »   »   de la Société alsacienne,   id.   121

    »   »   à triple détente des ateliers Powell, (Matter et Cie successeurs).... 126

    »   »   de la S^{té} d'Anzin, étab^{ts} A. de Quillacq, nouveau syst^e Wheelock. . 128

CHAPITRE V

Machines à soupapes.

Compound de MM. Sulzer frères, système Sulzer.............................. 132

Triple détente horizontale,   id.   134

Triple détente pilon,   id.   135

Compound de MM. Carels frères,   id.   138

    »   de la Société de Bâle, système Socin-Wick...... 141

Machines de M. Windsor............ 142

PRÉFACE

Depuis un certain nombre d'années, la construction des machines à vapeur a acquis un grand développement. Ce développement est dû non seulement à l'extension normale de toutes les industries, de toutes les branches de l'activité humaine, où le moteur à vapeur joue un rôle souvent prépondérant, mais surtout à l'extension, déjà énorme, d'une industrie à peine naissante : *l'éclairage électrique.*

L'importance des demandes de machines, pour la commande des dynamos, est telle, que tous les constructeurs ont dû se préoccuper d'y satisfaire.

Mais l'extension de l'éclairage électrique a amené aussi la création de nouveaux types de dynamos et appareils accessoires, et on peut dire qu'il a suscité un immense développement dans toutes les branches de la construction mécanique, voire même dans certaines branches de la métallurgie, etc.

Actuellement la plupart des constructeurs de machines construisent aussi un type de dynamo et ont créé un service pour les installations électriques.

De leur côté, la plupart des maisons qui, jusqu'ici, ne construisaient que des dynamos et des appareils d'éclairage se sont préoccupées de créer des types de machines appropriés à leurs dynamos, pour les activer.

Il y a dans les applications d'électricité un avenir nouveau dont nul ne peut prévoir l'importance future et vers lequel chacun se précipite.

Ceci dit, revenons à la machine à vapeur qui seule nous préoccupe.

Les progrès accomplis pendant ces dernières années dans la construction des machines ont été constants et ils sont considérables. Ils sont uniquement dus aux constructeurs-mécaniciens.

Nous allons signaler brièvement ces progrès en examinant successivement :

1° Les machines dites de précision ou à déclics ;

2° Les machines à tiroirs plans ou cylindriques sans déclics, ordinaires et à grande vitesse de rotation ;

3° Les machines Compound de tous systèmes ;

4° Les machines à triple expansion ;

5° Enfin la construction d'ensemble et de détail.

Nous en profiterons pour développer aussi certaines considérations générales, sur les machines Compound et à triple expansion, dont souvent on ne tient pas un compte suffisant.

MACHINES A DÉCLICS

A l'Exposition de Paris, en 1878, on pouvait constater le grand développement des machines Corliss et Sulzer, à quatre distributeurs, qui avaient fait leur apparition en France en 1867, et plus généralement encore, des machines dites *de précision*, avec organes d'admission, tiroirs circulaires, tiroirs plans et soupapes, munis d'organes de déclics commandés par le régulateur.

Nous avons développé ailleurs (1) les avantages et inconvénients de ces dispositifs, nous n'y reviendrons pas ici.

Ces machines se retrouvent encore en grand nombre à l'Exposition actuelle, mais avec des perfectionnements de détails. Si les organes de déclics sont un peu délicats de construction et d'entretien, ils présentent toujours cet avantage d'être facilement conduits par le régulateur. Ces machines peuvent, d'un tour à l'autre, suivant la résistance, passer de la plus faible à la plus grande admission et inversement. A chaque tour, l'organe de déclic donne à la machine, quelle que soit sa puissance, la quantité de vapeur que demande le régulateur.

Nous verrons dans quelles limites les divers systèmes exposés satisfont à cette condition.

Cette faculté est précieuse pour les machines conduisant des outils qui

---

(1) *Les Machines à vapeur actuelles.*

exigent une grande régularité et dont le nombre des outils travaillant peut varier brusquement et dans de grandes limites.

Aussi l'ancienne machine Woolf à balancier si réputée pour sa marche régulière, et depuis longtemps déjà en lutte avec la machine horizontale, a-t-elle reçu de ces nouvelles machines, le dernier coup, elle n'est plus qu'une exception et l'Exposition actuelle ne nous en montre qu'une seule.

Cependant, en raison de leur construction un peu compliquée, ces machines à déclics et distributeurs multiples ne se construisent avantageusement que pour des moteurs d'une certaine puissance.

Ces mécanismes de déclics présentent encore, sur les tiroirs conduits par l'excentrique circulaire, l'inconvénient de ne pouvoir marcher à de grandes vitesses de rotation; leur vitesse est habituellement comprise entre 60 à 70 tours. Or, si on considère la tendance actuelle qui est aux machines à grande vitesse de rotation et les perfectionnements que chaque jour on apporte à leur construction ; on peut prévoir que les machines à déclic seront bientôt en infériorité.

MACHINES A TIROIRS SANS DÉCLIC

Aussi les machines à tiroirs sans déclic ont constamment soutenu la lutte, surtout quand il s'est agit de machines de moyenne puissance. C'est pour ces moyennes puissances, et particulièrement pour satisfaire aux demandes de plus en plus pressantes des industries électriques, qu'on a cherché à établir des machines ne comportant que des organes simples faciles à entretenir et à réparer et réglant automatiquement, dans des limites très rapprochées, la vitesse de rotation.

Cette régularité de vitesse constituait la difficulté.

En effet, tant qu'il ne s'agissait que d'éclairer de grands espaces au moyen de lampes à arc voltaïque, toutes les machines connues pouvaient être employées, car leurs petites irrégularités ne produisaient qu'une variation insignifiante du courant et par suite de l'intensité lumineuse de l'arc.

Mais avec l'éclairage par incandescence, qui s'est surtout répandu après l'exposition d'électricité de 1881 à Paris, il n'en était point de même, et les irrégularités du moteur produisaient, dans la lumière, des oscillations, des éclats intolérables, au point que, souvent, ces oscillations pouvaient servir à compter le nombre de tours du moteur. De plus, une lumière fixe sans éclat est une condition essentielle pour assurer une longue durée aux lampes à incandescence.

L'accroissement donné au poids du volant ou l'emploi de volants intermédiaires destinés à parer à ces irrégularités, n'atteignaient le but qu'en partie et ces moyens étaient irrationnels en ce qu'on mettait ainsi et en pure perte de grandes masses en mouvement.

Il était évident que pour obtenir un éclairage par incandescence satisfaisant, c'est-à-dire obtenir un courant électrique d'intensité constante, il fallait avant tout se préoccuper du coefficient de régularité du moteur, c'est-à-dire établir un régulateur très sensible et dont l'action fût constante.

Pour simplifier les installations, on a cherché en même temps à conduire les dynamos le plus directement possible et, par suite, à donner aux machines une grande vitesse de rotation. Ces grandes vitesses ont permis de construire de puissants régulateurs placés sur l'arbre même, dans le volant ou dans un tambour spécial, et agissant sur l'excentrique rendu mobile, de façon à changer en même temps l'angle de calage et la course du tiroir. Ce genre de régulateur que, dans notre *supplément*, nous attribuons à Turner et Cie, aurait été construit dès 1862 par MM. Sulzer. Ce dispositif appliqué d'abord au tiroir cylindrique équilibré, est actuellement appliqué aux machines à quatre distributeurs pour la commande sans déclic des deux distributeurs d'admission.

Nous en verrons des exemples.

Il résulte de ces dispositions que, tout en conservant une avance à l'admission à peu près constante, on peut obtenir des admissions variables d'un tour à l'autre (1).

Ce genre de machines qui figurait déjà à l'Exposition de Philadelphie en 1876, n'était pas représenté, que nous sachions, à l'Exposition de Paris en 1878.

Nous avons déjà, dans notre *Supplément aux machines à vapeur actuelles*, donné une étude assez complète de ces distributions, nous verrons parmi les machines exposées quelques dispositions nouvelles.

---

(1) *Les machines à vapeur actuelles*; chap. I, tracés des distributions de vapeur.

Aujourd'hui, cependant, il y a une tendance marquée à construire des dynamos n'exigeant que des vitesses modérées, de 270 à 350 tours.

Mais en même temps que l'on cherchait à conduire le plus directement possible les dynamos, on cherchait aussi, par suite de l'exiguité des emplacements disponibles, à faire occuper à la machine le moins d'espace possible et on adoptait le type pilon. Presque tous les constructeurs nous présentent, à l'Exposition, à côté de leurs machines horizontales, des machines pilons de tous systèmes. Ce sont ces deux dispositifs qui dominent.

MACHINES A GRANDE VITESSE

Nous allons examiner, d'une manière générale, quelles sont les conditions que doit remplir une machine à grande vitesse et, par suite, quelles sont les meilleures dispositions à adopter.

Le problème consistant à établir un moteur à marche rapide à grand nombre de tours, a été abordé de différentes manières par les constructeurs. Tout moteur doit satisfaire aux conditions suivantes : outre une marche silencieuse et régulière, il doit être d'une conduite facile, il doit être exempt de vibrations et enfin il ne doit consommer que le minimum de vapeur.

Or, dans toutes les machines ayant des pièces animées de mouvements alternatifs, l'inertie de ces pièces en mouvement a toujours pour effet de tendre à produire des chocs et des vibrations, plus ou moins intenses suivant l'importance des masses en mouvement et leur vitesse.

Les turbines à vapeur, seules, font exception à cette règle.

Quelques constructeurs ont pensé qu'en employant des pistons à simple effet, pour lesquels la pression de la vapeur a toujours lieu dans le même sens, ils réduiraient ces vibrations ; mais on ne supprime pas ainsi les vibrations dans le bâti et dans les fondations si on ne se préoccupe pas aussi des masses en mouvement.

On peut arriver à réduire les vibrations au minimum en cherchant à satisfaire aux trois conditions suivantes :

1° En équilibrant les efforts et les poids des pièces en mouvement ;

2° En réduisant au minimum le poids propre de ces pièces en mouvement;
3° En augmentant le poids du bâti et du massif de fondation.

Après les vibrations, il y a lieu de se préoccuper de l'effet utile et, dans ce but, de réduire au minimum le travail absorbé par le frottement des organes en mouvement.

Or, c'est la machine ordinaire à double effet qui, pour des conditions données de force, de pression et de détente, aura toujours les plus petites dimensions et dont les surfaces frottantes des pistons, tiroirs, etc., décriront les plus petits chemins.

Disposition. — De toutes les dispositions usitées pour les machines, celle verticale dite à pilon présente de nombreux avantages; outre qu'elle exige le plus petit emplacement, elle supprime le guidage du piston à l'arrière et l'ovalisation du cylindre.

De plus, la pression sur le piston agit toujours dans la même direction que le poids de l'arbre et du volant, ce qui supprime pour les paliers les dispositifs de rattrapage de jeu usités pour les machines horizontales.

Enfin, l'arbre qui porte le volant reçoit les impulsions des pistons et les réactions de la transmission par le moyen de la courroie; étant placé à la partie inférieure et directement lié au massif de fondation, les vibrations qu'il peut subir se trouvent atténuées le plus possible.

Tels sont les avantages généraux des machines pilons, nous verrons comment chaque constructeur en a perfectionné le fonctionnement par des dispositions spéciales et par les soins apportés à l'exécution des détails.

Compound et Woolf. — Sous la dénomination de machine Compound, généralement réservée aux machines à deux pistons accouplés à 90° et avec réservoir intermédiaire, on comprend souvent des machines à fonctionnement Woolf, c'est-à-dire dont les pistons sont accouplés à 180° et sans réservoir. Les premières sont imitées des machines marines dans lesquelles la position des manivelles à 90° est avantageuse en ce qu'elle facilite les manœuvres. Mais pour les machines fixes cet avantage est beaucoup moins général partant moins important. Le seul avantage général des manivelles à 90°, c'est d'offrir une plus grande régularité dans l'effort tangentiel. Mais la différence de régularité d'effort tangentiel entre une machine avec manivelles à 90° et une machine avec manivelles à 180°, peut se compenser par le volant et cela d'autant mieux que la machine marche plus vite; d'un autre côté la machine Woolf, sans réservoir, paraît donner un meilleur rendement, un travail indiqué plus élevé. Enfin, dans le cas des machines à grande vitesse, le fonctionnement Woolf offre l'avantage d'équilibrer les effets de l'inertie des masses en mouvement. Nous en verrons de nombreux spécimens.

MACHINES COMPOUND OU A DOUBLE EXPANSION

Au point de vue de l'économie de vapeur, l'Exposition de 1878 nous montrait le début des développements du fonctionnement Compound (1). Quelques maisons ont construit dans ce système des machines fixes ou mi-fixes, mais à cette époque même, le nombre des types exposés était restreint; plusieurs types, Woolf ou Coumpound, créés précipitamment, en vue de l'Exposition de 1878, ont été abandonnés depuis par leurs auteurs.

L'Exposition actuelle de Paris, nous fait voir le développement considérable du fonctionnement Compound, avec des distributions de tous les systèmes précédents, aussi bien pour les machines horizontales que pour les machines pilons.

Limite d'élasticité de puissance. — Cependant quelques constructeurs résistent à ce mouvement; tant qu'il s'agit de machine d'usine, leur préférence reste acquise à la machine mono-cylindre, comme présentant surtout une plus grande élasticité de puissance.

Si on considère, en effet, deux machines : l'une mono-cylindre, l'autre Compound, de même puissance pour une même détente normale, on conçoit que si l'admission peut atteindre dans chaque cylindre admetteur les 0,7, par exemple, de la course du piston, l'accroissement de puissance qui en résultera sera beaucoup plus considérable pour la machine à cylindre unique que pour

---

(1) Voir *Les machines à vapeur actuelles.*

la machine Compound. Mais cet énorme variation de travail ne peut être utile que dans des cas bien rares.

Dans la plupart des cas, on peut évaluer le travail maximum nécessaire et déterminer, en conséquence, les dimensions de la machine Compound.

Du système de distribution au petit cylindre. — Nous verrons que tous les systèmes de distribution sont appliqués au petit cylindre des machines Compound, cependant ils ne sont pas tous aussi satisfaisants. Si on veut donner à la machine Compound la plus grande élasticité de puissance, il faut que l'admission au petit cylindre puisse avoir lieu pendant toute fraction de la course du petit piston, depuis l'admission minimum qu'il est inutile d'établir au-dessous de 0,10, jusqu'à l'admission maximum de 0,7 à 0,8.

La meilleure distribution au petit cylindre, toujours au point de vue de l'élasticité de puissance, est donc celle qui permettra normalement toutes les admissions entre ces limites extrêmes. Plusieurs distributions, celle de Meyer, et ses dérivées, satisfont à cette condition. Cependant on voit un grand nombre de Compound, avec distribution par déclic, qui ne donnent une admission variable sous l'action du régulateur, qu'entre les limites 0 et 0,30. Ces distributions offrent, comme nous l'avons dit (1), l'avantage d'être facilement réglées par le régulateur. Mais que se passe-t-il si on demande momentanément à une telle machine un travail supérieur à celui qui correspond à cette admission de 0,30.

D'abord, le régulateur s'abaissant, le déclic ne se produira pas; l'admission passera de suite de 0,30 qu'elle était au coup précédent, à 0,7 ou 0,8 selon les dimensions des bandes du tiroir. Puis si la vitesse normale est atteinte, cette admission reviendra à 0,30 et au dessous.

Mais il y a dans cette grande variation de l'admission, qui peut avoir lieu d'un tour à l'autre, une grande variation de travail que le volant seul doit régulariser. Il y a aussi un fonctionnement peu économique puisque à chaque admission de 0,7 à 0,8 la détente est incomplète.

Les distributions par déclics, ne permettant pas une admission pour

---

(1) *Les machines à vapeur actuelles.*

chaque point de la course, présentent donc des inconvénients si le moteur doit offrir une certaine élasticité de puissance. Nous verrons comment, avec des mécanismes à déclic, on a pu obtenir toutes les admissions.

Distribution au grand cylindre. — Pour l'égalité de travail sur les pistons l'admission au grand cylindre devrait varier suivant celle qui a lieu au petit cylindre, mais c'est là une complication à laquelle on a renoncé. Il suffit, que l'admission au grand cylindre représente un volume égal au volume total du petit cylindre, pour que, une fois l'équilibre établi dans le réservoir, la vapeur passe intégralement d'un cylindre dans l'autre sans chute ni accroissement de pression, autre que celui qui résulte des condensations.

Il résulte de ce fonctionnement, que l'admission au grand cylindre doit être fixe et le rapport de l'admission à la course dans ce cylindre, où le rapport de détente, est exactement celui du volume total des deux cylindres, ou si les pistons ont même course, ce rapport de détente est exactement celui des sections des pistons. Ainsi, si le rapport des volumes ou des sections des pistons de même course est 1/2, l'admission au grand cylindre devra être de 1/2; si ce rapport est 1/3 l'admission sera 1/3 et ainsi de suite.

Lorsque cette condition n'est pas remplie, c'est-à-dire si le volume de l'admission au grand cylindre est moindre que le volume du petit, la pression dans le réservoir intermédiaire s'élèvera pendant la période d'échappement du petit cylindre et alors l'admission au grand cylindre aura lieu à une pression supérieure à celle de l'échappement normal du petit cylindre. C'est l'inverse qui aura lieu si l'admission au grand cylindre est supérieure au volume du petit, il y aura alors chute de pression.

Lors donc qu'on emploie pour le grand cylindre une distribution par déclic ne permettant pas une admission de plus de 0,3, et si les cylindres ne sont pas dans ce rapport, il y aura compression dans le réservoir intermédiaire.

On voit que, pour le grand cylindre où l'admission est fixe, l'emploi des mécanismes à déclics ordinaires n'est nullement justifié et même, aux mécanismes à déclic donnant une introduction supérieure à 0,3, il nous paraît préférable d'adopter, pour les distributeurs, le simple mouvement alternatif dû à l'excentrique circulaire, qui permet facilement des introductions de 0,6 et plus.

Si même on veut éviter le laminage de la vapeur et la grande course d'un tiroir simple, on peut employer les deux tiroirs de Meyer. On aura ainsi un appareil de distribution au grand cylindre, d'une construction et d'un entretien plus simples que les appareils à déclic.

Nous en verrons des exemples.

Limite économique du système. — Le fonctionnement Compound doit se limiter à un minimum de puissance au-dessous duquel il peut cesser d'être avantageux pratiquement.

En effet la consommation de vapeur par cheval indiqué et par heure est, dans les meilleures conditions de fonctionnement, d'environ 7 kil. 500 pour les machines simples et de 6 kil. 750 pour les machines Compound. Ces chiffres de consommations sont des minimum et il ne semble guère possible de descendre pratiquement au dessous. C'est donc une économie de 0 kil. 75 de vapeur par cheval indiqué et par heure que présente la machine Compound dans les meilleures conditions de fonctionnement; soit pour une machine de 200 chevaux : 150 kilog. de vapeur ou environ 20 kilog. de charbon à l'heure.

La machine Compound présente encore l'avantage d'une grande régularité de marche et d'exiger, par suite, un volant moins lourd que la machine simple de même force.

Mais à ces avantages, il faut comparer les inconvénients qui résultent de la complication de la machine.

D'abord le rendement en travail utile sur l'arbre, travail que l'on mesure au frein (1), est moins élevé que pour la machine simple, parce que à force égale le travail dû aux frottements des pistons, des presses-étoupes, etc., est plus considérable ; l'économie ci-dessus indiquée, sera donc moins élevée. De plus la machine Compound coûte plus cher d'acquisition, de montage; l'établissement des fondations est aussi plus coûteux et en dernière analyse elle occupe plus d'emplacement que la machine simple. On conçoit donc, que

---

(1) Voir notre *Guide pour l'essai des machines à vapeur.*

la différence dans la consommation de vapeur ne suffit pas toujours pour justifier l'emploi de la machine Compound.

MACHINES A TRIPLE EXPANSION

Ce genre de machines, qui n'existait pas à l'Exposition de 1878, est présenté à l'Exposition actuelle par plusieurs constructeurs (1).

Comme pour les machines Compound, les machines à triple expansion ou à détente dans trois capacités successives n'ont été introduites dans l industrie qu'après avoir fait leurs preuves dans la marine.

De même que la machine Compound permet d'utiliser la vapeur à plus haute pression que dans la machine simple en permettant de grandes détentes, la machine a triple expansion permet d'utiliser la vapeur à plus haute pression que dans la machine Compound, en permettant de très grandes détentes, sans que pour cela la chute de température, dans chaque capacité, soit par trop considérable.

Mais en appliquant ici une partie des considérations développées précédemment, en comparant la machine Compound à la machine simple, on conçoit que le principe de la triple expansion ne peut être pratiquement avantageux que pour des machines d'une grande puissance.

Nous verrons que,dans les machines exposées, les constructeurs ont cherché à obtenir la triple expansion avec des machines à deux manivelles et même avec manivelle unique, afin de réduire la perte de travail due aux frottements et avoir un ensemble simple, facile à installer et surtout facile à conduire et à réparer.

CONSTRUCTION, ENSEMBLE ET DÉTAILS

Les machines exposées au Champ-de-Mars, sont presque toutes d'une construction très soignée et leur marche est généralement satisfaisante.

---

(1) Nous avons étudié et fait les calculs complets d'une machine à triple expansion dans notre *Supplément aux machines à vapeur actuelles*.

Les quelques exceptions que l'on pourrait vouloir faire sur ce point, tiennent à ce que la plupart des machines motrices ne développent qu'une faible partie de leur puissance; dans ces conditions, leur marche est particulièrement défectueuse, surtout avec la condensation.

Leurs dispositions se ramènent à deux types principaux, le *type horizontal* et le *type Pilon*. L'ancienne machine Woolf à balancier, disparaît, il n'y en a dans le palais des machines qu'un seul spécimen. Nous ne comprenons pas, dans cette catégorie, une machine avec balanciers montés sur des paliers oscillants, du système Fourlinics et construite par MM. Casse et fils. Cette machine, dont nous n'avons pu apprécier en détail les qualités, était d'un aspect aussi peu satisfaisant que celle du même inventeur qui figurait à l'Exposition de 1878.

Nous aurions encore quelques observations à faire sur certaines dispositions de détail, mais elles ont été reconnues défectueuses par leurs auteurs qui les modifieront. Nous devons cependant remarquer que nous avons vu, dans une des stations centrales d'électricité, une machine puissante dont l'axe du cylindre et du corps de bielle prolongé ne passe pas par le milieu du bouton de manivelle.

FIG. 1.

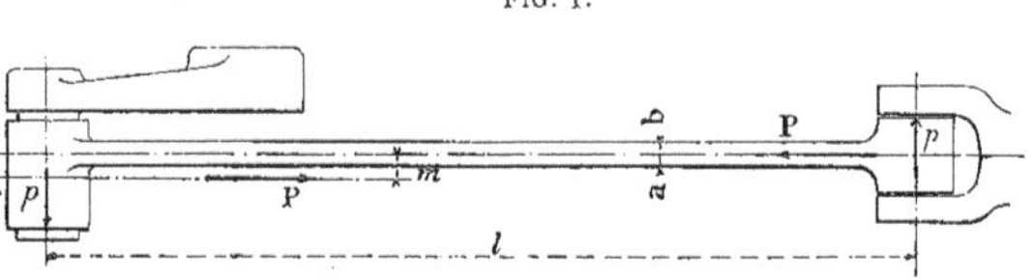

Cette construction (fig. 1) est essentiellement vicieuse, car il en résulte une pression et un frottement inégal sur les axes, plus un couple dont le moment fléchissant tend à fausser la bielle et à lui imprimer un déplacement latéral, inverse pour chaque tête, déplacement dont le sens change à chaque changement de direction. Ces effets deviennent très sensibles si, comme nous avons eu occasion de le faire vers 1865, on fait la bielle très mince suivant la dimension $a\,b$ et avec un peu de jeu dans les articulations.

Soit P l'effort sur le piston et m la distance entre l'axe de la machine et l'axe du bouton. La réaction qu'exerce le bouton est égale à P et agit au milieu de sa longueur. Le couple produit a pour moment, $P \times m$ et les poussées p égales et opposées qui en résultent sur chaque tête sont :

$$p = P\,\frac{m}{l}, \text{ puisque } p\,l = P\,m.$$

Si le sens de P vient à changer, celui des poussées p change aussi, de là de petits chocs et un frottement sur les collets des coussinets, généralement étroits, qui amènent promptement un jeu latéral qui ne fait qu'accentuer le mal. Il faut donc, toujours, mettre le milieu du bouton de la manivelle rigoureusement dans le plan milieu de la machine.

En ce qui concerne l'exécution des pièces détaillées on observe que presque toutes les pièces de forge sont en acier Martin, de résistance appropriée à l'emploi (1); les pièces à frottement et surtout les simples axes sont le plus souvent en acier trempé, puis leur forme cylindrique est rectifiée après la trempe à l'aide des machines outils spéciales.

L'emploi de l'alliage ou métal antifriction s'est généralisé, pour la garniture des coussinets des arbres moteurs, surtout pour les machines à grande vitesse.

Quelques machines ont été finies avec une certaine recherche et les pièces d'acier tournées ou dressées étaient polies comme des objets de luxe.

Cependant pour la plupart des machines exposées leur exécution est celle que les constructeurs pratiquent couramment.

Un dernier point dont nous voulons parler très brièvement, c'est du mode de transmission employé. On voit d'abord des courroies en cuir, en bandes plates ou avec bandes sur champ, ou enfin en morceaux de cuir découpés et assemblés comme les maillons des chaînes Galle, puis des courroies de coton, etc. Après la courroie, le mode de transmission qui domine est celui par cordes, ce mode de transmission a été très vanté au début, mais il ne paraît pas l'emporter sur la courroie; d'abord les volants ou poulies à gorge destinés à recevoir ces cordes sont plus coûteux que les simples poulies lisses.

---

(1) Voir dans notre *Manuel des constructions métalliques et mécaniques* les conditions d'essai et de résistance des aciers.

Mais nous aurions surtout désiré connaître une comparaison des deux systèmes au point de vue du travail absorbé, du prix et de la durée. Le seul renseignement sérieux, que nous ayons pu obtenir, nous a été fourni par une grande maison de construction de Belgique qui nous a déclaré que, d'après un certain nombre d'observations, faites pour son édification personnelle, elle avait acquis la conviction que *les transmissions par cordes absorbaient un travail mécanique plus considérable que les transmissions par courroies.* Nous livrons aux praticiens ce résultat d'observation tel qu'il nous est communiqué et nous serions heureux que les constructeurs qui auraient fait des observations comparatives, sur ces modes de transmissions, voulussent bien nous les communiquer.

J. Buchetti.

Plan de l'ouvrage

Les machines à vapeur qui sont exposées au Champ de Mars dans le superbe Palais des machines (1) et ailleurs, peuvent se diviser en trois groupes :

1° Les machines motrices du Palais, qui donnent le mouvement à quatre lignes d'arbres de transmission et de là aux machines et appareils divers, que les exposants ont voulu faire fonctionner devant les visiteurs. Ces machines motrices sont, comme on le conçoit, de beaucoup les plus intéressantes.

2° Les machines installées pour les élévations d'eau, et celles installées par les électriciens dans la Galerie des machines et les diverses stations d'électricité, pour activer spécialement des dynamos et produire la lumière électrique répandue dans tous les palais et jardins du Champ de Mars.

3° Enfin, les machines de construction courante, déjà connues, dont les constructeurs ont exposé des collections plus ou moins complètes et dont quelques-unes marchent à blanc.

Après avoir pris connaissance des diverses machines nous avons reconnu, ce à quoi nous nous attendions bien, que plusieurs d'entre elles, ou au moins leurs organes caractéristiques de distribution, se trouvent déjà décrits, étudiés et dessinés dans nos précédents ouvrages. Dans le premier :

Les Machines à vapeur actuelles,

On trouve : les systèmes de distribution de *Meyer*, *Rieder* et *Farcot* que l'on trouve appliqués à plusieurs machines; les systèmes de *G. Corliss* et de *Wheelock* exposés par MM. Brasseur, Lecouteux et Garnier; le Creusot; les systèmes de MM. *Sulzer frères*, de la *Société centrale* de Pantin; les machines de *Buffaud* et *Robatel*, de *Rikkers*; la machine à balancier de *Windsor* et *Hall*; la machine Woolf pilon de M. *Douane-Jobin* (système *Quéruel*); le système de MM. *Olry*, *Granddemange* et *Coulanghon*; la distribution à déclic et tiroirs de la machine *Brown* qui donne le mouvement à la section américaine; la distribution de *Galloway* représentée par un dessin; celle à soupapes de *Marcinelle* et *Couillet*; la machine de *Houget* et *Teston* et celle de *Baxter*.

Un grand nombre d'autres machines exposées, de construction plus

---

(1) Nous avons donné dans notre « *Manuel des constructions métalliques* » les calculs complets des fermes de 115 mètres du Palais des machines.

récente, sont aussi étudiées et dessinées en détail daus notre deuxième ouvrage : Le *Supplément aux machines à vapeur actuelles* (1).

Ce sont : la machine motrice de la *Compagnie de Fives-Lille*, a quatre tiroirs plans et déclics commandés par le régulateur ; la machine motrice Compound de *Chaligny* et *Cie* ; la machine pilon à régulateur dans le volant, pour dynamo, de MM. *Lecouteux* et *Garnier* ; la machine Compound pilon, à régulateur dans le volant, de M. *J. Boulet* et *Cie* ; la machine pilon à simple effet, de *Westinghouse* ; la machine de *Armington* et *Sims*, exposée par plusieurs constructeurs : Grenwood et Batley, la Société alsacienne, Powell. Enfin le dispositif de *Buckye* et *Cie* appliqué par la Société de construction de Winterthur.

Les autres machines publiées dans ce *Supplément*, toutes de construction récente, n'ont pas été exposées par leurs auteurs ou constructeurs.

Dans le présent ouvrage : *Les Machines à vapeur à l'Exposition*, nous ne reparlerons donc pas des machines précédentes, ce serait nous répéter. Nous nous bornerons à étudier les variantes intéressantes et surtout les machines entièrement nouvelles, c'est-à-dire que nous n'avons pas déjà publiées.

Ce nouvel et troisième ouvrage, ainsi compris, complètera les deux précédents et formera avec eux le travail le plus complet qui existe sur les machines à vapeur. Cet ouvrage ne peut être que descriptif, nous renverrons pour tous les calculs et données théoriques à notre premier ouvrage : *Les Machines à vapeur actuelles*.

La table des matières du présent ouvrage donne la liste des machines que nous étudions, nous ne la reproduirons pas ici.

Mais ce que nous tenons à dire en terminant, c'est que, au premier appel que nous avons adressé aux constructeurs exposants, en leur indiquant notre programme, nous avons reçu l'adhésion la plus complète et, peu après, nous recevions les dessins des machines exposées ainsi que les notes et mémoires à l'appui. Cette marque de sympathie pour notre œuvre et de confiance pour notre personne, nous a été très sensible et nous les remercions ici bien sincèrement d'avoir aussi généreusement répondu à notre appel.

---

(1) On trouvera à la fin de ce volume la table des matières contenues dans ces ouvrages.

CLASSIFICATION

Il nous reste à expliquer la classification que nous avons adoptée pour toutes ces machines d'apparence si différente.

Cette classification est uniquement basée sur *le système de distribution et de détente*; elle est donc indépendante du mode d'action de la vapeur et s'applique indifféremment aux machines à un cylindre; à celles à deux cylindres, Woolf ou Compound; ou enfin à celles à trois cylindres ou à triple détente.

Nous avons ainsi divisé les machines que nous étudions ici, en cinq classes qui forment chacune un chapitre comme suit :

CHAPITRE PREMIER. — Les machines à tiroirs, plans ou cylindriques, conduits par l'excentrique circulaire fixe.

CHAPITRE II. — Les mêmes, mais dont l'excentrique est mobile, par l'action du régulateur.

CHAPITRE III. — Les machines à robinet distributeur, à mouvement rotatif continu, de M. V. Bietrix et Cie.

CHAPITRE IV. — Les machines à distributeurs plans ou rotatifs, mus par un mécanisme à déclic, genre Corliss.

CHAPITRE V. — Les machines à soupapes du système de MM. Sulzer frères.

LES

MACHINES A VAPEUR

A

l'Exposition universelle de Paris — 1889

CHAPITRE PREMIER

MACHINES A TIROIRS, PLANS OU CYLINDRIQUES, CONDUITS PAR L'EXCENTRIQUE FIXE

MACHINE COMPOUND PILON, DE 200 CHEVAUX A 100 TOURS DES ANCIENS ÉTABLISSEMENTS CAIL. (B. S. G. D. G.)

Planches I et II.

Cette machine donnait le mouvement à une section de l'Exposition française dans le Palais des machines.

Conditions d'établissement.

Force en chevaux sur l'arbre.	200	
Pression absolue à l'introduction.	7^k	
Nombre de tours.	100	
Vitesse du piston	2^m 333	
Admission totale rapportée au cylindre B. P. . . .	0^m 12	
Diamètre du cylindre. . . . . H. P. . . .	0^m 435	
Diamètre du cylindre . . . . B. P. . . .	0^m 700	
Course commune.	0^m 700	
Surface du cylindre en centim. carrés. H. P. . . .	1480^{c} 20	
Surface du cylindre » » B. P. . . .	3848^{c} 50	
Rapport des volumes, ou des sections des pistons. .	2	589
Admission au cylindre . . . . H. P. . . .	0	31

Pression moyenne au cylindre . . . H. P. . . . 2^k 984
Pression finale au cylindre. . . . . H. P. . . . 2^k 175
Pression au réservoir . . . . 1^k 770
Pression totale sur cylindre . . . . H. P. . . . 4381^k
Travail théorique sur cylindre . . . H. P. . . . 136^{chx} 3
Admission au cylindre . . . . . . B. P. . . . 0 386
Pression moyenne au cylindre . . . B. P. . . . 1^k 127
Pression finale au cylindre. . . . . B. P. . . . 0^k 68
Pression totale au cylindre . , . . B. P. . . . 4339^k
Travail théorique du cylindre . . . B. P. . . . 135^{chx}
Travail théorique total . . . . 271^{chx} 30
Travail indiqué sur les pistons 271,30 $\times$ 0,97 $=$ . . . 263^{chx}
Coefficient du travail indiqué $\quad$ 200 : 263 $=$ . . . $0^{cx}76$
Diamètre du volant. . . . . 3^m000
Vitesse à la circonférence. . . . . 15^m70
Effort tangentiel pour une force de 200 ^{chx} . . . . . 954^k
Diamètre de la *pompe à air* à simple effet . . . . . 0^m450
Course . . . . $0^m 350$
Volume engendré par coup de piston . . . . . . $55^{dl}650$

Description. — L'ensemble de cette machine est donné par la coupe verticale, le profil et les deux coupes horizontales ou vues en plan.

Les cylindres sont montés sur de fortes colonnes creuses en fonte, entretoisées par des croisillons de même métal. Ces colonnes sont solidement fixées sur un socle en fonte portant les cages des paliers de l'arbre moteur.

Cette construction est empruntée aux machines des torpilleurs construits par la même maison.

Les cylindres sont fondus d'une seule pièce avec les enveloppes de vapeur, le réservoir intermédiaire et les boîtes à tiroirs.

La disposition donnée aux enveloppes de vapeur et au réservoir intermédiaire permet de réchauffer les deux cylindres, afin d'empêcher la condensation de la vapeur surtout dans le cylindre à basse pression.

Pour chaque cylindre, deux paires de glissières en acier guident les têtes des pistons.

Ces glissières sont fixées aux cylindres par des pattes venues de fonte et aux croisillons par des supports permettant un démontage facile.

L'arbre manivelle en acier porte à l'une de ses extrémités, le volant en porte à faux et de l'autre côté il commande le régulateur. Les manivelles sont munies de contre-poids équilibrant les pièces en mouvement. Le centre de gravité du système, composé de l'arbre, de ses contre-poids et du volant, tombe sur l'axe du palier d'extrémité qui a des dimensions telles que la pression par centimètre carré n'est pas supérieure à 10 k.

Distribution. — Pour la distribution au petit cylindre on a adopté des dispositions spéciales, brevetées, ayant pour but :

1° De donner aux orifices d'admission de grandes dimensions nécessaires pour les machines marchant à cette vitesse, tout en réduisant le plus possible les dimensions des tiroirs.

2° D'équilibrer les tiroirs de détente afin de les rendre sensibles à l'action du régulateur.

3° D'obtenir dans une limite très étendue, la variation de puissance de la machine, tout en conservant la détente sous la dépendance du régulateur.

Voici en quoi consistent ces dispositions.

La vapeur arrivant dans la boîte à tiroirs A est distribuée par deux ou plusieurs orifices $a\,a$ débouchant dans un conduit circulaire $b\,b$ pratiqué dans le tiroir de distribution B. Ce conduit b amène la vapeur sur la glace du cylindre, la distribution se faisant soit par un tiroir plan ordinaire, soit par un tiroir cylindrique. La détente est obtenue à l'aide des tuileaux cc cylindriques à arêtes hélicoïdales, comme dans la distribution Rider.

Ces tuileaux peuvent être animés, sous l'action du régulateur, d'un mouvement de rotation, décrit plus bas, et qui permet de découvrir les orifices $a\,a$ hélicoïdaux, pendant une fraction plus ou moins grande de la course.

Afin de diminuer les dimensions des pièces et la distance entre les axes des tiroirs et l'axe du cylindre, le tiroir de distribution est conduit par deux tiges latérales C C, assemblées par une traverse d que conduit l'excentrique de distribution.

L'examen de la fig. 3, pl. I, fait voir que par la disposition du conduit circulaire b, dans lequel viennent déboucher, sur le pourtour de la glace cylindrique, deux ou plusieurs orifices, on obtient de très grandes sections de passage pour la vapeur, pour un diamètre relativement faible, et que par suite, les dimensions des tiroirs peuvent être assez petites pour de grands orifices. On voit aussi que les tuileaux cylindriques à arêtes hélicoïdales $c\,c$ sont équilibrés et qu'ils n'offrent aux mouvements de rotation et au mouvement rectiligne alternatif, d'autre résistance que le frottement de leur surface extérieure sur la glace cylindrique du tiroir de distribution. Ces tuileaux peuvent donc être facilement déplacés par l'action du régulateur.

Cette action est transmise à la tige r sur laquelle sont calés les tuileaux par un système de leviers et de bielle à joints articulés, d'ailleurs employés dans des machines semblables, mais le dispositif employé pl. II, pour faire varier à la main les positions angulaires des tuileaux de détente, est nouveau.

On remarquera d'abord, que l'action automatique du régulateur sur les tuileaux est forcément limitée à un certain angle α fig. 3 qui, tout en permettant des variations d'admission étendues, ne suffirait pas cependant si la puissance de la machine devait varier dans des limites très grandes.

On a donc été amené à adopter plusieurs positions des tuileaux de détente, telles que, pour notre machine de 200 chevaux, par exemple, le régulateur exerce son action automatique pour des admissions variant de 0 à 2/10, ce qui correspondra à une puissance limitée à 40 chevaux, puis que, par un changement de position angulaire, l'admission puisse varier de 1/10 à 5/10, pour pouvoir obtenir une plus grande puissance, l'admission pour la puissance normale de 200 chevaux à 100 tours étant de 3/10 environ pour le cylindre à haute pression.

Pour obtenir ce résultat on fait tourner la tige r à l'aide d'un levier t, muni d'un verrou n qui s'enclenche dans les crans 1, 2, 3 pratiqués sur la douille du levier o, commandé par le régulateur à l'aide de la bielle s. Le levier o est fou sur la tige du tiroir et le verrou n seul le rend solidaire de cette tige. Il est clair qu'ayant amené le levier t au cran 2, par exemple, le levier o se trouvera enclenché et la détente sera sous l'influence du régulateur pour des admissions variant de 0 à 2/10, les positions respectives des tuileaux et des orifices ayant été réglées, au préalable, pour obtenir ces différentes admissions, pour des positions angulaires variant dans les limites déterminées par le cran 2. De même pour les autres crans.

En résumé, les points caractéristiques de ces dispositions sont :

1° La disposition du tiroir à conduit cylindrique permettant, par deux ou plusieurs orifices, d'obtenir de grandes sections de passage de la vapeur pour des dimensions de tiroirs restreintes et assurant l'équilibre complet des tuileaux cylindriques de détente.

2° La disposition spéciale de commande du tiroir de distribution par deux tiges latérales réunies par une traverse, ce qui permet de rapprocher les axes des tiroirs de l'axe du cylindre.

3° La disposition spéciale, permettant de faire varier à la main les positions respectives des tuileaux de détente et des orifices, pour obtenir des admissions différentes dans des limites très étendues ; les tiroirs étant toujours soumis à l'action du régulateur.

Pour la distribution du grand cylindre, on a adopté deux tiroirs plans ordinaires ayant double orifice d'admission et d'échappement, afin de diminuer la course de l'excentrique et d'augmenter les ouvertures des orifices, surtout au commencement de la course du piston.

Le prolongement de la tige du tiroir, coulisse dans un guide carré qui l'empêche de tourner et est commandé par l'excentrique à l'aide d'un tourillon placé sur le prolongement de la tige du piston.

Cette disposition permet d'augmenter la portée du palier afin de donner une surface suffisante pour un bon graissage.

Le régulateur, du système Andrade, commande directement l'admission, comme nous venons de le voir ; il permet de faire varier le nombre de tours normal de la machine par le déplacement de son contre-poids mobile.

On remarquera que, pour les deux cylindres, les orifices se trouvent placés aux extrémités de façon à diminuer les espaces nuisibles.

Les pistons sont en acier avec segments maintenus par quatre ressorts.

Condensation. — L'échappement du cylindre à basse pression se fait dans un tuyau vertical en cuivre rouge qui aboutit au condenseur placé dans le bâti même de la machine, comme l'indique la pl. II.

L'injection d'eau froide se fait par deux tuyaux, l'un, de petit diamètre, placé verticalement au sommet du tuyau d'échappement, l'autre, plus gros, horizontal, placé à la jonction de ce tuyau avec le bâti.

La pompe à air, à simple effet, reçoit son mouvement d'un balancier par la tête du piston du petit cylindre, comme on le voit en plan ; son piston plein se termine légèrement en pointe.

Les clapets multiples, d'aspiration et de refoulement, sont métalliques.

Encombrement. — La machine a une largeur totale de 3^m100 et une longueur totale de 4^m200 y compris le volant. Sa hauteur totale est de 3^m900.

Poids. — Le poids total de la machine est de $24,000^{kos}$.

Nota. — La machine ne fait à l'Exposition qu'une force de 40 chevaux indiqués environ. Elle se trouve donc dans des conditions de marche très peu favorables, tant au point de vue de l'égalité du travail dans les deux cylindres qu'au point de vue de la régularité.

MACHINES DE MM. SAUTTER, LEMONNIER ET Cⁱᵉ

La maison Sautter-Lemonnier est universellement connue pour la construction des phares et fanaux et de ses appareils d'éclairage, dont elle a installé et exposé au Champ de-Mars plusieurs spécimens intéressants ; notamment au sommet de la Tour Eiffel le phare dont le mouvement tournant est produit, non pas par une machine de rotation, mais par un petit moteur électrique dont l'énergie est empruntée au circuit de la lampe ; les deux projecteurs Mangin dont chaque jour les visiteurs admirent les effets.

Puis le phare qui, placé au centre du Palais des machines, contribue chaque soir à son éclairage.

Dès l'apparition de la machine Gramme, en 1870, M. Lemonnier, frappé des avantages exceptionnels que présentait ce générateur d'électricité, proposait d'en substituer l'emploi à celui des machines magnéto, pour l'éclairage des phares et des projecteurs.

FIG. 2.

Vers 1872, MM. Sautter, Lemonnier et Cie construisirent, d'après les indications de l'inventeur, leur première machine Gramme et, depuis cette époque, leurs travaux ont contribué puissamment à la réalisation des progrès successifs qui ont rendu pratique l'éclairage électrique dans les conditions les plus variées. Nous ne saurions faire ici l'énumération de ces applications, mais leur développement conduisit bientôt la maison Sautter, Lemonnier et Cie à s'occuper sérieusement de la construction des moteurs à grande vitesse.

A cette branche de leur industrie, qui ne comprenait au début (en 1883) que la construction du moteur Brotherhood à 3 cylindres, ils ont adjoint les moteurs genre pilon à 1 ou 2 cylindres et, tout récemment, l'ingénieux appareil dit turbo-moteur, inventé par M. Parsons.

Un atelier spécial a été créé avec un outillage exact, qui ne le cède en rien à celui des ateliers de précision les plus renommés.

Les perfectionnements apportés dans l'établissement et la construction des moteurs à vapeur de MM. Sautter, Lemonnier et Cie sont dus, en grande partie, aux travaux de l'un de leurs collaborateurs, M. Wissler.

Nous allons décrire les moteurs exposés ou mis en fonction au Champ de Mars et plus particulièrement ceux dont nous donnons les dessins dans les planches III et IV.

COMPOUND-PILON ACTIONNANT UNE DYNAMO DUPLEX
TYPE « INDOMPTABLE »

Planche III et fig. 2.

Ce moteur développe, à la pression de 5 kilog. et à la vitesse normale de 350 tours, une puissance nominale de 30 chevaux. A cette vitesse, la dynamo duplex est de 200 ampères et 70 volts.

Il peut marcher à condensation ou avec échappement à l'air libre.

Les cylindres fondus d'une même pièce avec le réservoir intermédiaire et les boîtes des tiroirs sont supportés au-dessus du bâti par six colonnes. L'arbre-manivelle est assez relevé pour pouvoir porter directement, à un bout, la bobine de la dynamo ; il est supporté extérieurement à la dynamo par une chaise à palier graisseur, supportée sur le bâti de la dynamo boulonné lui-même au bâti de la machine.

Les appareils, machine et dynamo, sont ainsi parfaitement solidaires.

La coupe horizontale des cylindres est sensiblement la même que celle de la Compound à bielles renversées.

La distribution est faite dans le grand cylindre (diamètre 310), par un seul tiroir système Trick, et dans le petit cylindre (diamètre 206) par un tiroir double à détente variable, système Meyer. Les pistons ont 170 millimètres de course. En marche normale, à 350 tours et 5 k. de pression, la consommation de vapeur, n'atteint pas 10 k. par cheval-heure effectif. En augmentant l'introduction, on obtient 45 chevaux de puissance.

Le régulateur de vitesse placé en bout de l'arbre est très sensible et disposé de manière à ce que, pendant la marche, on puisse faire varier l'allure normale du moteur en serrant ou desserrant le ressort ; sa disposition, et son mode d'action sur la valve et le détail de cette valve ou clapet équilibré se voient bien dans la planche V relative au moteur Woolf.

COMPOUND A AXE CENTRAL
ACTIONNANT DIRECTEMENT UNE DYNAMO TRIPLEX (B. S. G. D. G.)
TYPE « TROUDE »

Planche III.

Dans ce nouveau type de moteur pilon, exposé dans la classe 65 : Navigation, les constructeurs ont cherché à réduire, autant que possible, la hauteur totale, de façon à ne pas dépasser celle de la dynamo. A l'inverse du type « Indomptable », les cylindres sont placés à la partie inférieure et servent de bâti à tout le système. L'arbre de couche est dans l'axe même de l'ensemble, au centre de la machine. La dynamo triplex est placée sur l'arbre du moteur qui se prolonge en porte-à-faux. On peut ainsi mettre en place l'induit et le collecteur, indépendamment du moteur et des inducteurs, portés par un bâti fixé aux cylindres. Cette dynamo est de 150 ampères et 70 volts à 350 tours. L'extrémité de l'arbre, en dehors de la dynamo, est supportée dans un coussinet à rotule.

Les dimensions totales de l'ensemble, 1^m 40 de hauteur, 2^m 00 de longueur, 1^m 05 de largeur, rendent l'installation facile dans les locaux les plus réduits, tels que ceux dont l'on dispose sur les navires de guerre.

Le poids total du moteur et de la dynamo est de 2600 k. Avec 6 k. de pression et condensation, en marche normale, la puissance du moteur est de 30 chevaux, à la vitesse de 350 tours. La détente est variable à la main et l'on peut marcher avec échappement à air libre.

On remarque qu'on a placé ici un petit volant entre la machine et la dynamo. Les tiroirs de distribution du petit et du grand cylindre sont de même construction que dans la machine précédente. Pour transmettre aux manivelles la pression sur les pistons, on a dû employer des bielles en retour avec deux traverses réunies par deux tiges, une de chaque côté de l'arbre. L'arbre à double manivelle est supporté par quatre paliers dont un de chaque côté de l'excentrique du grand cylindre, pour éviter toute flexion de l'arbre portant l'induit. Le cadre des paliers d'une seule pièce est supporté par six colonnes fixées sur les cylindres, dont trois se prolongent, comme on le voit, sur le profil, pour supporter la traverse supérieure portant les glissières et le graisseur général.

La construction des cylindres et de leur enveloppe se voit bien clairement en suivant les trois vis de la machine. Le régulateur, placé au bout de l'arbre du côté opposé à la dynamo, est construit comme dans la machine précédente et agit de même sur une valve à l'arrivée de la vapeur. Nous verrons mieux sa construction et son mode d'action dans la machine suivante.

MOTEUR HORIZONTAL WOOLF TANDEM,

TYPE « DAVOUT »

Planche IV.

Ce moteur, actionnant une dynamo Gramme bi-polaire, a été étudié récemment pour les nouveaux types de croiseurs de la marine française.

Les deux cylindres étant couchés leur hauteur ne dépasse pas celle de la dynamo, elle-même de forme ramassée, dont la fig. 2 donne la moitié de la vue de face. La fig. 3 est la coupe et le profil de la machine et de la dynamo. Les fig. 5 et 7 donnent les coupes des cylindres. La fig. 6 est la coupe du clapet équilibré, conduit par le régulateur, qui règle l'arrivée de vapeur.

Les tiges des tiroirs du grand cylindre (fig. 4) sont dans le prolongement de celles du petit cylindre. Au petit cylindre la distribution est du système Meyer et la détente variable à la main. Au grand cylindre la détente est fixe.

La disposition et la fonction du régulateur, qui sont les mêmes dans toutes ces machines, se voient bien sur la fig. 1; à droite est le piston amortisseur et à gauche le ressort dont on peut changer à volonté la tension pour changer l'allure de la machine. Les dimensions générales sont les suivantes :

Hauteur, 900 mill., largeur, 1^m 625, longueur, 2^m 432. Le moteur est d'une puissance de 30 chevaux effectifs mesurés au frein, à la pression de 7 k. et à condensation. La vitesse normale est de 350 tours et le régulateur est construit de manière a réprimer les écarts de vitesse de plus de 2,5 °/₀ entre la marche en pleine charge et la marche à vide.

Outre les trois machines que nous venons de décrire, MM. Sautter, Lemonnier et Cie en avaient exposé d'autres dont nous allons résumer brièvement les conditions générales d'établissement :

1° Un moteur Compound pilon, type « *Indomptable* », de 100 chevaux à 350 tours et dynamo de 100.000 volts, installé dans le Palais des machines.

2° Un moteur de 45 à 70 chevaux à 350 tours, type « *Amiral Baudin* » : diamètres 260 et 380, course 200; installé sous la Tour pour le service du phare et des projecteurs de la Tour.

3° Un moteur pilon à 1 cylindre, pour l'industrie, muni d'un système de détente particulier; diamètre 250, course 300; à 5 kil. et à 350 tours, il développe de 35 à 60 chevaux, suivant l'admission.

Il nous a paru utile de rapporter le tableau ci-contre donnant les dimensions principales, les poids et prix actuels de ces machines fonctionnant à la pression de 5 kil.

2

Machines Sautter, Lemonnier et Cie

Types	A UN CYLINDRE				COMPOUND		
	R	T	V	Y	FF	HH	LL
Puissance { à condensation.	10—14	20—34	35—60	50—90	30—44	45—67	80—125
Puissance { sans id.	7—11	17—29	26—50	40—76	23—35	35—52	65—95
Diamètre des cylindres....	120	190	250	310	206	260	350
id. grands id.					310	380	520
Course....................	230	260	300	450	170	200	240
Nombre de tours.........	450	400	350	300	350	300	250
Diamètre du volant........	850	950	1.100	1.250	1.100	1.250	1.300
Largeur id.	120	230	250	300	250	390	420
Emplace- (longueur......	1	1.2	1.4	1.6	1.6	2.0	2.3
ment en { largeur........	0.8	0.9	1	1.2	0.8	0.9	1.2
mètres. (hauteur........	1.6	1.8	2.1	2.45	1.65	1.72	1.95
Diamètre de la prise......	40	65	80	100	55	75	90
id. de l'échappement	50	80	100	125	90	115	140
Vapeur par cheval à cond".	12	11	10.5	10	9.7	9.6	9 5
Poids approximatif........	600 k.	1.200	1.900	3.000	2.000	2.800	5.000
Prix .... fr.	3.000	5.000	7.000	10.000	8.000	10.500	18.000

MACHINES DAVEY, PAXMAN ET Cie

Planche V.

La maison Davey, Paxman et Cie, par l'intermédiaire de son représentant à Paris, M. Ch. Bellens, nous a très obligeamment adressé les plans complets de l'installation générale de la station électrique Gramme et de toutes les machines et générateurs qui la composent, ainsi que des machines motrices installées dans le Palais des machines, pour le service de la Section anglaise.

Les limites que nous nous sommes imposées pour cet ouvrage, ne nous ont pas permis de donner les plans de cette installation générale, non plus que les ensembles des diverses machines.

Toutes ces machines, du reste, sont munies d'un même système de distribution qui constitue pour nous le point le plus intéressant.

Le matériel exposé par MM. Davey, Paxman et Cie peut se partager en deux catégories : le matériel en fonctionnement et celui simplement exposé.

La partie la plus importante du matériel en fonctionnement est celle installée à la station Gramme. Ce matériel se compose : de trois machines Compound, neuf générateurs, pompes alimentaires et accessoires. Cette installation qui a été la première prête de l'Exposition, a commencé a fonctionner le 25 avril pour l'éclairage des travaux et a fonctionné régulièrement tous les soirs depuis l'ouverture de l'Exposition.

La plus importante des machines de cette station Gramme est dessinée planche V ; c'est une Compound de 360 chevaux à cylindres séparés dont les pistons sont accouplés sur manivelles à 90° placées aux extrémités de l'arbre du volant. Ces cylindres, boulonnés aux extrémités du bâti américain, sont supportés chacun par un socle spécial. Ses dimensions sont les suivantes :

Diamètre des cylindres	559 et 888
Course commune	1220
Nombre de tours par minute.	65
Volants poulies : Diamètres 4^m270. Largeur. .	0^m457
Vitesse circonférentielle.	14^m530
Poids de chaque volant poulie	7500^{kg}

Chaque volant poulie conduit directement une dynamo Gramme de 200 volts et 900 ampères, pour le service des fontaines lumineuses et des lustres centraux de la Galerie des machines.

Cette machine, ainsi que toutes les autres, est munie d'une distribution à détente variable par l'action d'un régulateur spécial.

Cette distribution, due à M. Paxman est d'un fonctionnement satisfaisant, elle conserve au moteur une vitesse constante, quelle que soit la charge.

Distribution Paxman. — La distribution normale au petit cylindre représentée planche V, figure 3, et dans la figure 3 ci-contre avec les angles de calage et courses des excentriques de la machine de 120 ch.; s'effectue au moyen d'un tiroir plan A conduit par un excentrique circulaire ; ce tiroir détermine l'avance à l'admission, l'avance à l'échappement et la compression.

Ce tiroir est percé de deux orifices (comme le tiroir principal dans la distribution Meyer), sur le dos de ce tiroir s'applique constamment un diaphragme BC percé également de deux orifices égaux à ceux du tiroir, sur la glace commune, et qui se subdivisent chacun en deux orifices sur le dos du diaphragme (comme dans le tiroir Farcot). Ce diaphragme, ou tiroir intermédiaire fixe, est engagé entre des talons venus de fonte dans la boîte à vapeur et qui l'empêchent de prendre aucun mouvement dans le sens du tiroir principal **A**, mais, sous la pression de la vapeur il s'applique constamment sur ce tiroir, comme celui-ci est appliqué sur la glace du cylindre.

Enfin, sur ce diaphragme repose un petit tiroir ou tuileau de détente D percé de 2 orifices. Dans sa position moyenne représentée sur la pl. V, ce tuileau n'a pas de recouvrement; dès qu'il se déplace de sa position moyenne il ouvre les orifices d'un côté du diaphragme, et, dès qu'il y revient, il les ferme et produit la détente; si donc il n'y avait pas d'avance à l'introduction, ce petit tiroir permettrait de varier l'admission de 0 à 1, suivant le calage qu'on lui donnerait. En réalité à cause de l'avance, l'admission n'est jamais complète, ce qu'il faut du reste toujours éviter.

Maintenant pour que cette détente soit variable sous l'action du régulateur, il faut donc que le régulateur fasse simplement varier le calage de ce petit

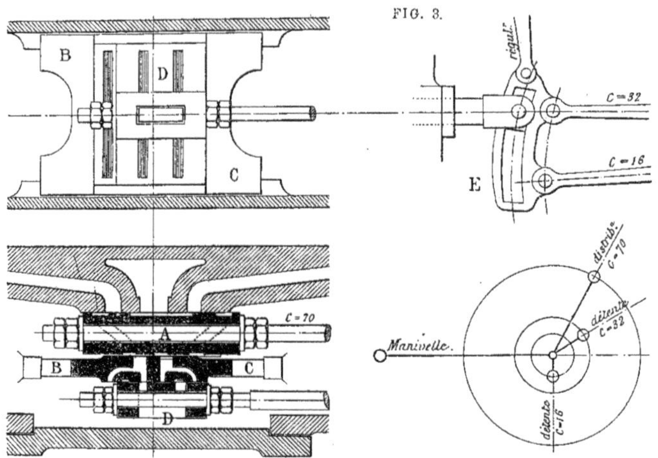

tiroir. A cet effet, ce petit tiroir est conduit par une coulisse E mobile verticalement sous l'action du régulateur et dont chaque extrémité est commandée par un excentrique de course différente.

Lorsque le régulateur se ferme ou baisse, par suite d'une diminution de vitesse, la coulisse s'abaisse et c'est l'excentrique du haut (c = 32, fig. 3) qui conduit le tiroir de détente; il permet alors une introduction aux 5/8 de la course du piston; si, au contraire, le régulateur s'ouvre, il relève la coulisse et l'excentrique du bas (c = 16) place le tiroir de détente dans la position moyenne, la manivelle étant au point mort, les orifices sont donc fermés.

On pourra régler diversement cette introduction minimum suivant qu'il

s'agit d'une machine simple ou d'une machine Compound, si on veut par
exemple qu'elle soit suffisante pour assurer la rotation de la machine.

On voit que ce dispositif permet au régulateur de donner à chaque tour
de la machine la quantité de vapeur nécessaire au maintient de la vitesse.

Il nous reste à examiner la construction du régulateur pl. V, fig. 4 qui
est à grande vitesse et à masse centrale (1). Les deux boules soumises à l'action de la force centrifuge sont situées à l'extrémité de deux leviers coudés ; au
point où a lieu le coude, ces leviers portent, de chaque côté, un petit galet.

Lorsque le régulateur s'ouvre, ces galets agissent de bas en haut sur des
réglettes ou glissières fixées à la masse centrale et la soulèvent. Il résulte de
cette construction, que le moment statique de la masse centrale croît à mesure que croît la force centrifuge ; une même variation dans les vitesse extrêmes produit donc un même effort ou un même déplacement du manchon.
Les chemins parcourus par le manchon et la coulisse sont dans le rapport de
1 à 2,25. Enfin les oscillations et déplacements de la coulisse sont modérés par
un petit piston amortisseur.

Le ressort placé à la partie supérieure du régulateur permet, en ajoutant
sa tension au poids de la masse centrale, de faire varier le mouvement de cette
masse et par suite de faire varier à volonté la vitesse de régime de la machine. C'est une disposition qui est bonne et très souvent employée.

La distribution au grand cylindre s'effectue, à chaque extrémité du cylindre, au moyen d'un tiroir Trick simple, ces deux tiroirs étant solidaires.

Sur la même planche V nous donnons, fig. 1 et 2, les coupes transversales
et longitudinales des cylindres ainsi que les détails du coulisseau, fig. 5.

Ces figures se lisent facilement, elles n'ont besoin d'aucune explication.

Les autres machines Compound de MM. Davey Paxman et Cie, sont à
cylindres séparés comme la précédente, ou bien à cylindres accolés fondus
ensemble et avec le réservoir. Les bâtis de ces dernières machines sont faits
en plusieurs pièces boulonnées entre elles, pour la facilité du transport.

Nous nous bornerons à rapporter ici les dimensions principales de ces
machines et des chaudières qui les alimentent.

La deuxième machine de la station Gramme est de 250 chevaux ; elle est du
type Compound à réservoir intermédiaire ; ses dimensions principales sont :

Diamètres des pistons.	470 et 724
Course commune.	609
Nombre de tours	95

Les cylindres sont accolés et montés sur un bâti à poutrelles formé de

---

(1) Nous avons donné le calcul complet des régulateurs à masse centrale dans notre principal ouvrage *Les machines à vapeur actuelles*.

plusieurs parties assemblées et boulonnées, type de construction avantageux pour le transport et le montage dans les pays éloignés.

Cette machine porte d'un côté un volant de 3ᵐ050 de diamètre et 0ᵐ610 de largeur et de l'autre côté une poulie de fer de même diamètre et 0ᵐ406 de largeur, elle conduit deux dynamos Gramme de 220 volts et 450 ampères qui alimentent les lampes à incandescence éclairant le Dôme central.

La troisième machine de la station Gramme est du même type que la précédente et de 125 chevaux ; ses dimensions sont :

Diamètres des cylindres. . . . . 324 et 508
Course commune : 610.   Nombre de tours.   105
Le volant d'un côté. . .   diamètre : 2ᵐ590 sur 432 de large.
La poulie en fer. . . . .   diamètre : 2ᵐ590 sur 330 de large.

Cette machine conduit deux dynamos de 220 volts et 250 ampères, qui alimentent 12 lampes sur les grands lustres de la Galerie des machines.

Nous devons faire remarquer que toutes ces dynamos sont conduites directement par les courroies des machines, sans transmission intermédiaire.

Générateurs (1)

Ces générateurs, au nombre de neuf, sont du type locomotive et timbrés à 8 k. Cinq d'entre eux, réunis par un collecteur de vapeur, forment le premier groupe, destiné à alimenter les machines de la station Gramme. Les quatre autres générateurs forment un deuxième groupe, destiné à fournir la vapeur aux machines motrices des sections anglaise et américaine, dans le Palais des machines. La longueur totale de chaque chaudière est de 5ᵐ590; les dimensions des foyers sont 1ᵐ524, 1ᵐ178 sur 1ᵐ319 de hauteur. Le diamètre du corps cylindrique = 1ᵐ346. Le nombre des tubes = 100.

Les dômes de vapeur portent les robinets de prise et les soupapes de sûreté.

Ces chaudières sont un beau spécimen de chaudronnerie soignée, elles sont construites entièrement en tôle d'acier. Les plaques des foyers et des enveloppes extérieures sont embouties, d'un seul coup, à la presse hydraulique et recuites après emboutissage. Les rivures sont exécutées avec des machines à river perfectionnées qui partagent la pression en deux, une moitié pour faire le joint des tôles et l'autre moitié pour effectuer la rivure.

Les produits de la combustion passent, des boîtes à fumée, par des conduits plongeants, dans un caniveau collecteur placé sous ces boîtes à fumée

---

(1) Nous donnerons dans l'ouvrage *Les générateurs actuels* la construction détaillée de ces générateurs.

et aboutissant à une cheminée ayant 38 mètres de hauteur, 3^m25 de diamètre à la base et 2^m24 de diamètre au haut.

Une application très intéressante a été faite par M. Godillot, sur cette batterie de générateurs, de son système de chauffage automatique utilisant de mauvais combustibles, fines et poussier de charbon.

Machines motrices, Section anglaise

Dans le Palais des machines, nous retrouvons deux machines Davey Paxman qui commandent les transmissions de la section anglaise. L'une est à un cylindre avec bâti à poutrelles, analogue à ceux des deux plus petites machines de la station Gramme, avec un condenseur accouplé sur l'arbre.

Ses dimensions sont : $\begin{cases} \text{Diamètre du cylindre} = 521, \text{ course} = 813. \\ \text{Diamètre du volant} = 3^m609, \text{ Largeur} = 508. \end{cases}$
à la pression de 4 kil. et à 65 tours elle développe 100 chevaux.

La seconde machine est une Compound semblable à celle de 360 chevaux.
Ses dimensions sont : $\begin{cases} \text{Diamètre des cylindres} \quad 324 \text{ et } 508 ; \text{ Course} = 610 \\ \text{Volant : diamètre. . . .} \qquad 2^m590 ; \text{ largeur} = 432 \end{cases}$
à la pression de 7 kil. dans la boîte et 90 tours, elle développe 120 chevaux.

A côté de cette machine, MM. Davey, Paxman et Cie, ont exposé diverses pièces intéressantes de chaudronnerie et aussi deux locomobiles.

L'une de ces locomobiles est du système Compound : diamètres 229 et 140 ; course commune 356 ; à la vitesse de 125 tours elle développe 24 chevaux.

La seconde locomobile est à un cylindre ; diamètre : 267 ; course : 356, elle développe 25 chevaux à 155 tours.

Ces machines sont munies de la détente automatique déjà décrite.

COMPOUND DE LA SOCIÉTÉ ANONYME « LE PHŒNIX »
SYSTÈME HERTAY

Planche VI et figure 4.

La Société expose un moteur Compound à condensation, formant le n° 5 de sa série, suivant le tableau ci-après (p. 22).

En marche normale, à 62 tours, la pression effective de la vapeur étant à 6 k., la puissance développée sur les pistons, pour un rapport d'expansion totale de 10,5 volumes, s'élève à 350 chevaux; ce moteur est généralement offert, par la société, comme moteur de 400 chevaux, lorsque la pression atteint 7 k.; elle garantit alors une consommation ne dépassant pas 6 k. 5 de vapeur par cheval indiqué et par heure, avec le système de primes et d'amendes introduits dans tous les contrats sérieux.

Bâti. — Il est du système dit à cadre, mais amélioré; il a été tracé en vue d'éviter les porte-à-faux, de rendre les flexions impossibles, d'assurer en outre la solidarité entre toutes les pièces. Ce bâti présente les avantages suivants :

1° Il donne aux paliers de l'arbre moteur une assiette transversale très grande, contrairement à ce qui a lieu dans le bâti Corliss, dit à baïonnette.

2° Le guide peut recevoir une grande surface, et il est supporté partout. Dans le bâti Corliss, il se trouve en dehors de la ligne droite qui joint les appuis; aussi tous ces bâtis fléchissent plus ou moins; pour atténuer ce défaut, on diminue le porte-à-faux en donnant peu de largeur aux patins, ou bien on soutient l'extrémité des glissières par un support secondaire.

3° La bride venue de fonte avec le bâti est dressée sur l'alésoir et forme embase pour le cylindre, ce qui lui donne un centrage parfait.

Cylindres (fig. 1 et 2). — Ils sont boulonnés au bâti par leur face d'avant. Les tiges des pistons sont prolongées et supportées par un coulisseau, à l'arrière.

Les deux cylindres sont à enveloppes de vapeur rapportées, avec joints; la vapeur est admise d'une manière permanente dans l'enveloppe du cylindre à haute pression, où elle est asséchée par un purgeur automatique, puis elle franchit le modérateur, et pénètre dans les chapelles de distribution; après avoir fonctionné dans le petit cylindre, elle est évacuée au réservoir intermédiaire en fonte, chauffé par une enveloppe de vapeur prise directement aux chaudières. La vapeur qui sort du réservoir est admise dans l'enveloppe du grand cylindre, asséchée aussi par un purgeur automatique, et de là au grand cylindre.

Sauf pour le réservoir intermédiaire où il s'agit plutôt d'éviter le refroidissement que de communiquer de la chaleur, le système des enveloppes de vapeur est celui à circulation. Il est en effet le seul qui permette de débarrasser

Machine de la Société du Phœnix
(Système Hertay)
Fig. 4

les enveloppes de l'air qu'elles contiennent, et cela, automatiquement, par le jeu même de la vapeur, sans qu'il soit nécessaire de manœuvrer aucun robinet.

Du grand cylindre la vapeur passe au condenseur. La pompe à air, verticale, est commandée par le coulisseau d'arrière et un levier d'équerre. Cette disposition des appareils en rend la visite très facile.

Distribution. — Le système adopté dans les établissements du Phœnix, pour toutes les machines à détente variable par le régulateur, est dû à son ingénieur en chef M. *Edmond Hertay.* Ce système peut être interprété comme une combinaison des systèmes *Meyer* et *Farcot.*

La détente Meyer est difficilement rendue variable par l'action du régulateur, surtout pour de grandes dimensions ; le système Farcot présente un inconvénient théorique qui a dans les machines Compound une certaine importance, comme nous l'avons expliqué dans la préface : la fermeture ayant lieu par la butée de l'obturateur contre une came fixe, ne peut se produire que pendant le mouvement d'ouverture du tiroir principal, c'est-à-dire aux 3/10 en moyenne de la course ; il présente aussi des inconvénients pratiques : l'entraînement des tuiles de détente est produit par l'action de ressorts et est incertain pour les grandes vitesses.

La distribution Hertay rentre théoriquement dans celle de Farcot, si l'on suppose que les buttoirs fixes et la came sont montés dans un même cadre rigide, actionné par un excentrique spécial, comme pour la détente Meyer, ce deuxième excentrique permet de faire varier l'introduction depuis 0 jusqu'à une fraction quelconque de la course, par l'action directe du régulateur.

Cette distribution se compose, comme la détente Farcot, d'un tiroir principal A, double (Planche VI, figure 4), sur lequel repose un tuileau de détente B dont l'entraînement est obtenu en soumettant une partie suffisante de sa surface, aux extrémités (fig. 5), à la pression de la vapeur diminuée de la pression à l'échappement. Les deux tiroirs A sont reliés par une tige commune et conduits par le même excentrique.

Par suite du fractionnement du tiroir principal, les lumières des cylindres sont de peu de longueur, et l'espace nuisible n'est pas très considérable, nous ajoutons d'ailleurs peu d'importance à la réduction de cet espace, dans une machine Compound, attendu qu'on doit chercher, au point de vue du fonctionnement, à réaliser des compressions aussi complètes que possible, afin d'opérer le changement de sens de l'effort sur le piston, en passant par une valeur nulle, c'est-à-dire sans qu'il en résulte aucun martelage des articulations.

Un deuxième excentrique donne aux tuileaux B le mouvement alternatif intermittent convenable, voici comment : la barre C (figure 2 et 3) conduite par l'excentrique, entraîne un coulisseau guidé D, sur lequel est boulonné un cadre E E; ce cadre porte une cloison e qui sert de guide à un coin F en deux parties, ajusté à frottement très doux sur la cloison guide e. Les deux extrémités des tiges $b\,b$ des tuileaux pénètrent librement les deux extrémités du cadre E, et ces tiges se terminent par des tasseaux clavetés $a\,a'$ dont les faces intérieures ont la même inclinaison que le coin F. La position verticale de ce coin F est déterminée par le régulateur; enfin le mouvement alternatif du cadre E et du coin F est le même et leur course est constante. Les petites faces intérieures du cadre E, en heurtant à l'extérieur les tasseaux $a\,a'$ ramènent toujours les tuileaux à la même position relative en produisant l'ouverture des lumières sur le dos du tiroir (fig. 6) puis au tour suivant, le tuileau sera entraîné par son tiroir jusqu'à ce que le coin F venant heurter le tasseau a ferme les lumières. On voit donc que, si le coin F occupe la position la plus basse, qui correspond au régulateur ouvert, la course des tuileaux sera exactement celle de l'excentrique, comme dans la distribution Meyer, et l'admission sera aussi faible qu'on le voudra. Si, au contraire, le coin est relevé, les tuileaux fermeront plus tard les lumières et l'admission sera augmentée.

Nous allons du reste tracer les épures complètes de cette distribution par la méthode des cercles de Zenner (1).

Epure du tiroir de distribution seul (fig. 5). — Traçons un cercle de diamètre $M'_0\,M_0$ quelconque (de préférence nous le ferons de 10 centimètres afin de relever plus facilement les chemins parcourus, en centièmes de la course). Ce cercle nous représentera, à des échelles différentes, la course du piston et celle du tiroir de distribution.

Considérons la distribution à l'arrière du cylindre, soit M_0 la position de la manivelle au point mort; à ce moment, l'excentrique de distribution est en E à gauche de la verticale du centre O, avec laquelle il fait l'angle d'avance z, projetons E en e sur l'horizontale, la quantité $O\,e$ est l'avance totale, c'est le déplacement du tiroir à gauche de sa position moyenne. Pour une autre position de la manivelle et de l'excentrique le déplacement du tiroir sera donné par un autre point e sur l'horizontale. Mais tous ces points e sont sur les cercles qu'on pourrait tracer sur les rayons OE de l'excentrique. Or, si au lieu de faire tourner le rayon O E vers la gauche on le porte d'abord à droite de la verticale et qu'on trace le cercle OE on a évidemment : $O\,e$ à droite $= O\,e$ de gauche et de plus pour une position quelconque M_1 de la manivelle le déplacement du tiroir sera $o\,e_1$ projection de OE sur la direction de la manivelle. Donc les chemins parcourus par le tiroir, pour une position quelconque de la manivelle, sont donnés par la longueur interceptée sur cette manivelle, par le cercle

---

(1) Méthode déjà indiquée dans : *Les machines à vapeur actuelles.*

O E; quand la manivelle est en M'', le tiroir occupe sa position moyenne; quand la manivelle est en E le tiroir est à fond de course.

Si maintenant on trace du centre O, un cercle avec un rayon oc égal au recouvrement extérieur du tiroir, il est évident que la quantité ce représente l'ouverture réelle de l'orifice pour la manivelle en M_0, ce est donc l'avance linéaire à l'admission et le rayon oa donne la position M où l'introduction commence; $d\,E = L$ est la plus grande largeur d'orifice que le tiroir peut découvrir; à partir de E l'orifice se rétrécit, en b il est fermé, et le rayon ob, prolongé, donne la position M_4 de la manivelle où commence la détente. Si donc on trace avec un rayon égal à la bielle un arc en M_0, la longueur $M_4\,m$

FIG. 5.

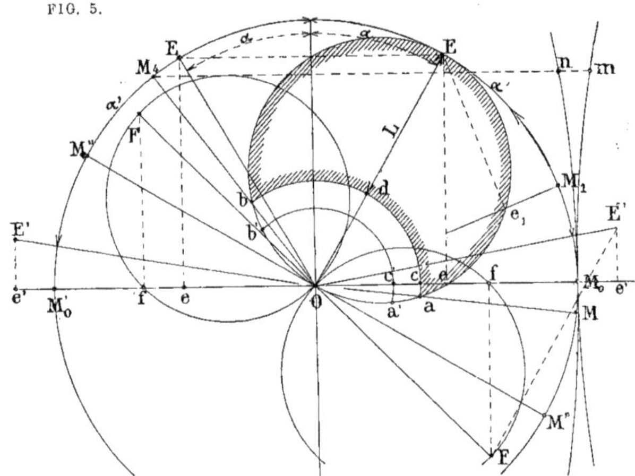

représente la période d'admission sur la face arrière du piston. En traçant la position symétrique de O E et de M_4, pour l'autre course, et l'arc passant en M'_0 on aurait la période d'admission sur l'autre face du piston, mais on peut l'obtenir en traçant l'arc en M_0 en sens inverse, alors $M_4\,n$ représente la période d'admission sur la face avant du piston.

On trouverait aussi facilement les positions de la manivelle où l'échappement commence et où il finit, en traçant du centre O un cercle avec un rayon Oc' égal au recouvrement intérieur du tiroir, puis en prolongeant les rayons Oa' et Ob' (non tracés sur la figure pour ne pas la surcharger) $c'e$ est alors l'avance linéaire à l'échappement.

On voit comme il est facile, au moyen de ce tracé, de se rendre compte, pour un tiroir simple, de la corrélation qui existe, à l'admission entre : le rayon O E de l'excentrique, égal au recouvrement intérieur $o\,d$ plus la largeur d E de l'orifice ; l'angle d'avance α, et l'avance à l'admission $c\,e$. On a évidemment l'avance $c\,e. = $ OE cos $(90° - \alpha) - 0c$; l'avance $c'e = $ O E cos $(90° - \alpha) - $ O c'.

Déplacements relatifs des deux tiroirs. — Considérons maintenant le deuxième excentrique qui conduit le cadre et le coin, et, si nous supposons le coin dans sa position la plus basse, ce deuxième excentrique conduira les tuileaux de détente comme dans la distribution Meyer, et l'épure des mouvements relatifs des deux tiroirs sera la même.

Supposons donc que la manivelle étant en M_0 le rayon du deuxième excentrique soit en o E' (à gauche) faisant l'angle d'avance α' avec la verticale du centre O. (Si la machine était à changement de marche, le rayon du deuxième excentrique OE' devrait être dans le prolongement de OM_0, alors $\alpha' = 90°$, afin de produire les mêmes déplacements des tuileaux quel que soit le sens de la rotation de la manivelle M_0.

Le deuxième excentrique étant en OE' (à gauche), le déplacement des tuileaux, au-delà de leur position moyenne, est Oe', et, en raisonnant comme pour l'excentrique OE, il est clair que les déplacements seraient donnés, pour toute position de la manivelle par le cercle décrit sur OE' comme diamètre, porté à droite de la verticale ; nous n'avons pas tracé ce cercle parce qu'il est inutile. Ce qu'il suffit de connaître ce sont les *déplacements relatifs* des deux tiroirs. La manivelle étant en M_0 le déplacement relatif des deux tiroirs est :

$$ee' = Oe' - Oe, \quad \text{projection de EE'.}$$

Pour toute autre position de la manivelle et des excentriques, le déplacement relatif des deux tiroirs sera toujours égal à la projection de EE' sur l'horizontale, il peut donc être donné comme précédemment par un cercle de diamètre égal à EE'. Pour obtenir sa position, menons OF, égal et parallèle à EE'. le cercle tracé sur OF coupe OM_0 en un point f, tel que O$f = ee'$.

Ce rayon O F peut être considéré comme étant celui d'un excentrique fictif résultant des deux précédents. Pour plus de clarté, nous traçons deux cercles O F, quoique à la rigueur un seul suffise.

Actuellement nous n'avons plus à considérer que ces deux cercles O F que nous retraçons figure 6 à une plus grande échelle. Rappelons-nous aussi que nous considérons la distribution à l'arrière du cylindre.

Quand la manivelle est en M' (fig. 6) le tuileau est déplacé à gauche de sa position moyenne sur le tiroir, de la plus grande quantité possible O F. Il doit alors découvrir entièrement les orifices du tiroir pour l'admission prochaine, si donc nous appelons l la largeur de ces orifices et r le recouvrement qui a lieu dans la position moyenne, on a : demi-course O F $= r + l$.

Le rapport de r à l peut varier à volonté. Si on s'impose, par exemple, la condition que, au point mort M_0 l'orifice l soit déjà fermé, le cercle tracé avec Of pour rayon divisera OF suivant les deux parties l et r.

Ces distances l et r sont tracées à droite, à une échelle de 1/3 et par rapport à la ligne yy marquant la position moyenne. L'orifice du cylindre étant L, on voit que la largeur l des petits orifices doit être au moins 1/2 de L ou 1/3 de L, suivant qu'on a pratiqué deux ou trois orifices sur le dos du tiroir.

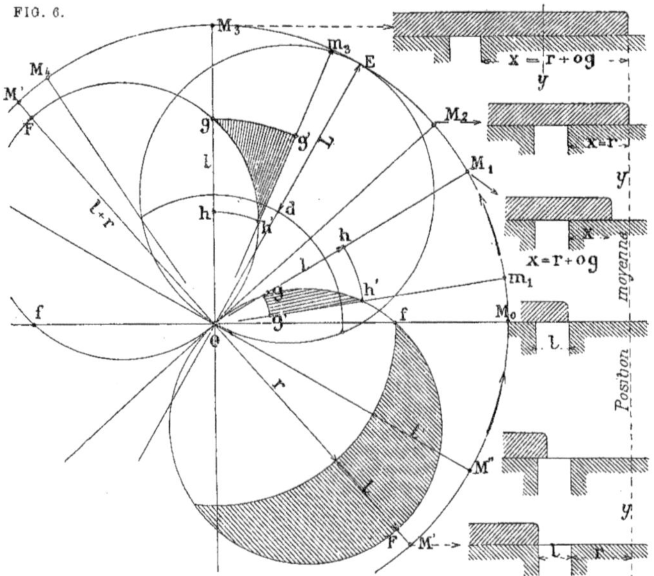

En continuant de faire tourner la manivelle au-dessus de M_0 le déplacement relatif continue à diminuer, en m_1 il est Oh' ; en M_1 il est égal à Og ; enfin en M_2, le rayon OM_2 étant tangent aux cercles OF, le tuileau occupe sur le tiroir sa position moyenne. A partir de ce point le recouvrement r augmente à l'arrière, tandis qu'il diminue à l'avant ; soit X le recouvrement total :

$$\text{En } M_1,\ X = r - Og\ ;\qquad \text{En } M_2,\ X = r\ ;\qquad \text{En } M_3,\ X = r + Og.$$

Enfin en M' (supérieur) l'orifice d'avant est ouvert et celui d'arrière est recouvert de la quantité. $OF = l + r + r = 2r + l$.

Donc, pour que le tuileau ne découvre jamais les orifices sur le dos du tiroir de distribution, il faut que la distance de ces orifices soit supérieure à $2r + l$.

Maintenant si nous voulons que l'admission ait lieu pendant une période donnée, par exemple de M_0 en M_1, il faudra, pour que l'orifice ne se ferme que en M_1, relever le coin de manière à laisser entre lui et le heurtoir incliné, un jeu horizontal X précisément égal au recouvrement qui aurait lieu en ce point M_1. On aura donc (fig. 3) : $X = r - Og$ (Og pris sur OM_1).

Pour avoir la position de la manivelle où la fermeture de l'orifice commence, il suffit de porter $gh = l$, de tracer l'arc hh' et de mener le rayon $Oh'm_1$ c'est à partir de m_1 que la fermeture commence.

Si on veut que l'introduction ne cesse que en M_3 on relèvera le coin de façon que le jeu horizontal soit : $X = r + Og$ (Og pris sur OM_3).

Pour avoir le point où commence la fermeture, on portera $gh = l$, on tracera l'arc hh' et le rayon $Oh'm_3$ donnera la position m_3 de la manivelle.

Les surfaces hachurées : $gg'h'$ font voir quelle est la loi du rétrécissement de l'orifice. L'admission n'a plus lieu au-delà de M_4 puisque, pour cette position de la manivelle, le tiroir de distribution a déjà fermé la lumière du cylindre.

Le tableau suivant donne les dimensions et puissance de ces machines.

Machines Compound de la Société le Phœnix.

Numéros	Diamètre du petit piston.	Diamètre du grand piston.	Course des deux pistons.	Nombre de tours par minute.	Puissance à diverses pressions et introductions.							
					4 atm. (1) Introduction		5 atm. (1) Introduction			6 atm. (1) Introduction.		
					35 %	40 %	30 %	35 %	40 %	25 %	30 %	35 %
1	350	575	700	82	85	93.5	92	103	114	96	109	122
2	400	650	800	78	120	132	130	146	160	135	153	172
3	450	725	900	74	160	178	175	197	217	182	207	232
4	500	800	1,000	70	210	231	228	255	282	236	270	300
5	580	950	1,200	62	300	330	327	265	400	337	385	430
6	620	1^{m}000	1,250	60	345	380	375	420	465	390	440	500

(1) La pression à la chaudière est supérieure d'environ 1/2 atmosphère.

MACHINE HORIZONTALE DE M. ESCHER WYSS ET Cie

Planche VII et figure 7.

Cette machine nous a plu, pour l'élégance de ses formes, ses bonnes dispositions et sa parfaite exécution, sa force est de 40 à 50 ch^x.

Le bâti (fig. 3 et 5) est formé par les glissières cylindriques fondues avec le patin qui repose sur le massif; il se termine par une bride ronde, bien raccordée aux glissières, et sur laquelle le cylindre est boulonné en porte à faux.

A l'avant, ce bâti forme une cuvette ronde, portant les deux paliers inclinés à 45°. Un écran circulaire, boulonné sur l'avant du bâti, arrête les projections d'huile qui peuvent résulter du mouvement rapide de la tête de bielle.

FIG. 7.

L'arbre manivelle est construit (fig. 3), comme nous l'avons vu déjà fréquemment, en cinq parties: les deux portées, deux plateaux en fonte à contrepoids, et le bouton de la grosse tête de bielle. Ces pièces sont emmanchées à chaud et rectifiées après le montage.

Sur notre dessin (fig. 3) le volant est figuré près du palier, en réalité il est plus éloigné et alors l'extrémité extérieure de l'arbre est supportée par un palier.

Les coussinets des paliers, comme ceux de la bielle, sont en fonte, garnis de métal blanc, on ne voit donc aucune pièce en bronze.

Le cylindre, boulonné comme nous l'avons dit, en porte à faux sur le bâti, porte à sa partie inférieure les tubulures de prise de vapeur A et d'échappement E; le tuyau A pénètre dans l'enveloppe ou chemise de vapeur dont la cavité inférieure est munie d'un robinet de purge.

La vapeur est admise de l'enveloppe dans la boîte du tiroir, par la soupape à double siège, de mise en marche, placée (fig. 2) à la partie supérieure du cylindre ; cette soupape se lève ou s'abaisse suivant le sens de la rotation imprimée au chapeau B vissé sur le couvercle.

Cette construction supprime le taraudage de la tige même de la soupape et par suite l'écrou intérieur ou l'arcade ; nous la retrouvons dans presque toutes les machines suisses.

L'enveloppe extérieure du cylindre est formée d'une tôle et de pièces en fonte, retenues par les couvercles de la soupape et de la boîte à vapeur.

La distribution est à deux tiroirs du système Rider. La construction des guides en fonte, des coulisseaux cylindriques et des tiges des tiroirs munis d'écrous de réglage se voit bien sur les fig. 3 et 4.

Le régulateur mu par courroie, a son axe (fig. 5) placé horizontalement et maintenu par un support à deux bras courbes et à patin, boulonné sur les glissières. Quand les boules s'écartent de l'axe, l'axe $a\,b$ du manchon (fig. 5), se déplace à gauche, fait osciller le levier à fourche $a\,b$ fig. 4, qui, au moyen de la tige oblique f et du petit levier g, assemblés à rotules et à joint de cardan, imprime à la tige et, par suite au tuileau de détente Rider, le déplacement angulaire qui fait varier la détente, comme nous l'avons dit ailleurs (1).

La force centrifuge est équilibrée par un ressort placé dans la douille $d\,d$, mobile le long de l'axe du régulateur, mais entraînée dans la rotation par une clavette qui glisse dans une rainure de l'arbre.

Il en résulte que, pour faire varier la vitesse de régime de la machine, il suffit de faire varier la tension de ce ressort. A cet effet, la rondelle e (fig. 5), sur laquelle il s'appuie, est rendue mobile ; elle est clavetée sur une tige passant dans l'arbre du régulateur, foré à cet effet. Une autre tige guidée, taraudée et manœuvrée avec l'écrou à volant c, à la façon d'une contre-pointe de tour, vient appuyer sur la tige de la rondelle e qui rentre ainsi plus ou moins dans la douille d en comprimant le ressort.

Les dispositions prises pour le graissage du bouton de la manivelle et du coulisseau ; celles des purgeurs, se lisent sur le dessin, sans qu'il soit besoin d'indications. Pour le graissage du cylindre, on avait placé sur le massif en G, un graisseur continu commandé par une petite manivelle m.

---

(1) Voir dans *Les Machines à vapeur actuelles* le tracé des tiroirs et détentes.

PETIT MOTEUR DE M. ESCHER WYSS ET Cie

Planche VIII et figure 8.

Ce petit moteur nous a paru intéressant, pour son élégante simplicité et sa parfaite exécution qui lui assure une marche absolument silencieuse.

Ce moteur a été étudié pour conduire des dynamos, il peut être placé horizontalement ou verticalement, contre un mur ou une colonne. C'est ainsi qu'à l'Exposition, il est appliqué, au moyen d'une semelle en bois et d'étriers d'attache, contre une des colonnes doubles de la transmission. Le cylindre est boulonné en porte à faux sur le bâti qui forme la glissière cylindrique, ce bâti s'élargit à l'avant en une sorte de cuvette portant les paliers inclinés à 45°. La bielle motrice et la barre d'excentrique, légèrement relevée pour éviter le bâti, sont en fonte à section en double T. Sur les bras du coude ou manivelle sont emmanchés deux disques formant aussi contre-poids d'équilibre. Un écran circulaire, articulé au bâti, couvre en partie ces disques et arrête les projections d'huile qui résultent de la marche rapide de la tête de bielle.

FIG. 8.

Les coussinets des paliers et têtes de bielle sont en fonte, garnis de métal anti-friction; on n'aperçoit de bronze nulle part.

La distribution a lieu par un simple tiroir à recouvrement et la réglementation se fait au moyen du régulateur placé dans le volant-poulie agissant sur un observateur cylindrique équilibré. Ce régulateur se compose de deux masses $a\,a$ articulées sur les bras du volant et constamment rappelées au centre par deux ressorts retenus par les patins $b\,b$. Les extrémités des leviers de ces masses pénètrent dans les fentes de deux leviers $d\,d$, à courbure elliptique, solidaires avec une bague. Cette bague portant deux saillies intérieures d'entraînement V V emboîte, avec un certain jeu, une rondelle e alésée et clavetée libre sur le moyeu du volant, elle est centrée sur cette rondelle au moyen des vis V V autour desquelles elle peut prendre un léger mouvement, dans le cas où l'inégalité de tension des ressorts tendrait à produire un déplacement différent des leviers $d\,d$.

Suivant que les masses $a\,a$ s'éloignent ou se rapprochent de l'axe; la rondelle e, se déplace vers l'intérieur ou l'extérieur du volant.

Dans ce déplacement la rondelle e entraîne la rondelle $g\,g$, placée à l'intérieur du volant, avec laquelle elle est liée par deux goujons guidés dans le moyeu. Cette rondelle g g porte des saillies qui engrèvent avec les dents d'un petit levier h placé à l'extrémité de la tige oblique k, de l'obturateur cylindrique équilibré, et qui imprime à cette tige un mouvement de rotation. Suivant la vitesse de régime que l'on veut donner au petit moteur, on change la position relative du levier denté h par rapport à la tige k de l'obturateur, ce changement se fait en déplaçant ce levier h par rapport au levier i calé sur la dite tige k, au moyen d'un petit boulon et de la coulisse dont est muni le petit bras du levier denté h.

Tout ce mécanisme, dont le déplacement est de peu d'amplitude, fonctionne d'une façon tout à fait satisfaisante.

PETIT CHEVAL ALIMENTAIRE DE M. ESCHER WYSS ET Cⁱᵉ

Planche VIII et figure 9.

Nous avons mis sur la même planche que le petit moteur précédent, le dessin d'un petit cheval alimentaire dont la figure 9 ci-dessous donne la vue en perspective.

Le bâti est un cylindre à patin, ouvert sur le côté, portant une longue douille qui reçoit l'arbre manivelle portant le volant. Le petit cylindre à vapeur et le corps de pompe sont emboîtés et boulonnés en porte à faux aux extrémités de ce bâti. L'excentrique du petit tiroir est venu de fonte avec le volant.

La vitesse de rotation se règle à la main au moyen du robinet à soupape placé sur la boîte à vapeur.

La pompe est à piston plongeur et les clapets sont à double siège et à très petite course, ce qui permet de marcher à un grand nombre de tours. On voit qu'en démontant le simple écrou qui fixe le petit récipient sphérique, qui surmonte les clapets, on peut facilement sortir les deux clapets qui sont superposés.

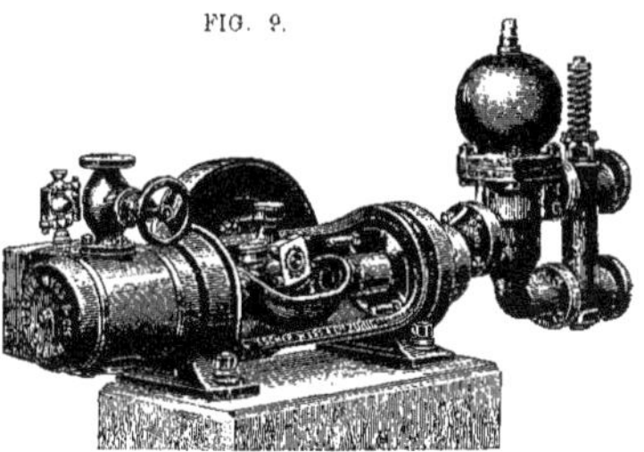

FIG. 9.

Enfin, on a disposé à l'arrière, sur la tubulure de refoulement, un clapet ou soupape de sûreté à ressort extérieur qui, en cas de fermeture des robinets d'alimentation des chaudières, permet à l'eau, refoulée par le piston, de repasser à l'aspiration : la pompe reste ainsi constamment amorcée.

MACHINE COMPOUND DE LA Cⁱᵉ DE L'HORME

SYSTÈME C. BONJOUR

Planche IX et figure 10.

La Compagnie des Forges de l'Horme et chantiers de la Buire a exposé, dans son pavillon spécial, une machine à vapeur mono-cylindre.

Mais elle expose aussi dans le palais des Machines, un moteur Compound,

que nous étudierons le premier. Ses dispositions d'ensemble se rapprochent de celles déjà décrites dans notre précédent ouvrage (1), mais il en diffère par la construction des tiroirs de distribution, des cylindres et de la pompe à air.

Construction. — Le bâti, qui forme les glissières cylindriques, porte trois paliers à 45°, dont les deux extrêmes sont un peu renvoyés en dehors du bâti.

---

(1) *Les machines à vapeur actuelles. — Supplément.*

A l'arrière, ce bâti porte une large bride ovale qui reçoit les cylindres. L'enveloppe des cylindres est fondue d'une seule pièce avec le grand cylindre et les boîtes à vapeur, elle porte un socle qui est le prolongement de celui du bâti. Ces deux pièces sont réunies par les douilles mêmes qui forment les boîtes à garnitures métalliques des tiges des pistons et des tiroirs, plus par quelques boulons autour de la bride. L'intérieur de cette enveloppe est très accessible, pour le nettoyage et, si quelques grains de sable étaient restés, ils se réuniraient dans la cuvette inférieure que forme cette enveloppe, ils ne seraient jamais entraînés dans les cylindres. L'extérieur de cette enveloppe est garni d'une matière calorifuge et d'un revêtement en acajou.

Le petit cylindre seul est rapporté dans cette enveloppe, il est centré à l'avant par la douille de la garniture et à l'arrière par le fond lui-même.

Ce fond, ainsi que celui du grand cylindre, est évidé et à double joint, l'un sur le cylindre même, l'autre sur le fond de l'enveloppe ; ces joints sont faits d'une rondelle en caoutchouc à section carrée de quelques millimètres de côté.

Circulation de vapeur. — La vapeur introduite par la soupape A, débouche dans la cuvette centrale et circulaire B de l'enveloppe ; elle réchauffe les deux cylindres et leurs fonds avant et arrière ; de là elle est distribuée au petit cylindre, d'où elle passe dans la capacité intermédiaire C entourant la cuvette centrale B et à la boîte du grand tiroir ; une partie de la surface de cette capacité C est chauffée par la vapeur fraîche de l'enveloppe. En sortant du grand cylindre, la vapeur passe dans le conduit D et le tuyau E rapporté sous les cylindres, puis dans la boîte à clapet à double siège F qui permet, au besoin, d'envoyer cette vapeur directement dans l'atmosphère ou au condenseur G. Les trois volants de manœuvre : de la prise de vapeur A ; du clapet double d'échappement F ; du robinet d'injection au condenseur G, sont juxtaposés sur le côté droit du cylindre à la portée du mécanicien.

Distribution au petit cylindre. — La distribution normale a lieu à l'aide d'un tiroir en forme de coin et double ; chaque partie agit aux extrémités du cylindre, ce qui réduit les espaces nuisibles.

Cette construction est, en principe, celle que nous avons déjà décrite dans notre ouvrage principal (1) en étudiant la machine de M. Duvergier de Lyon.

A l'intérieur de ce tiroir, se trouve le tiroir de détente, équilibré, formé de deux petits pistons, garnis de larges segments élastiques

Ce tiroir de détente est relié en son milieu à une tige qui porte un petit piston à chacune de ses extrémités. Le piston d'avant se meut dans un cylindre à vapeur H, et, au moyen d'un distributeur à robinet I, dont nous reparlerons, il reçoit alternativement la pression de la vapeur sur chacune de ses faces.

---

(1) *Les machines à vapeur actuelles.*

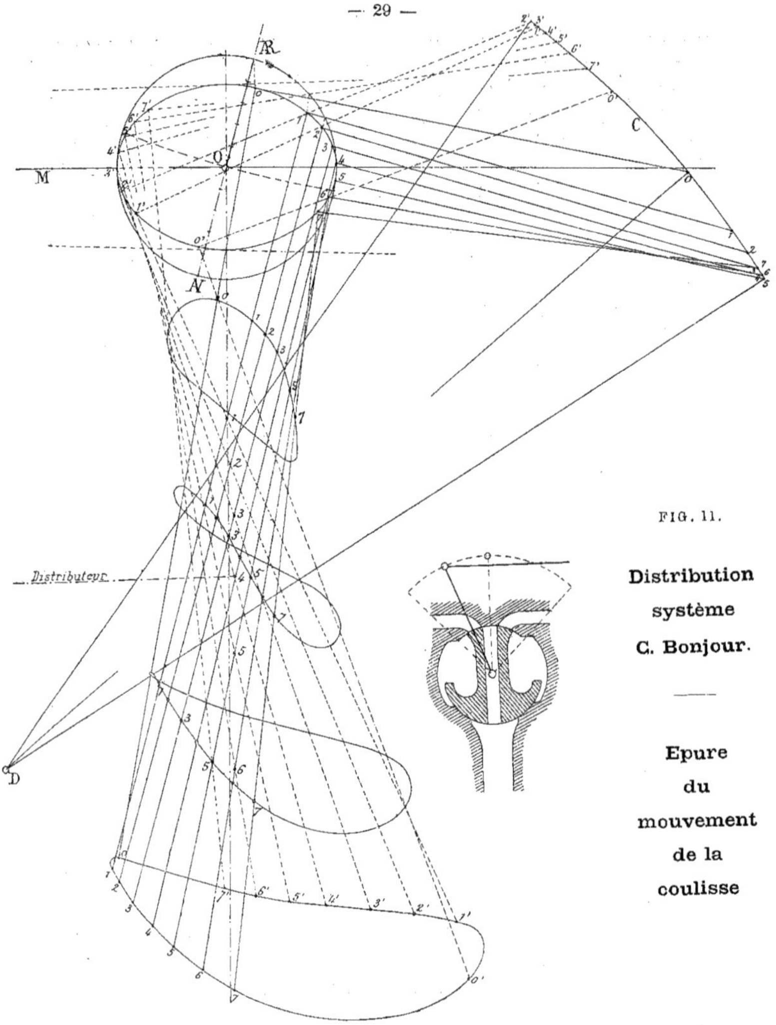

M   Distributeur   D   C

FIG. 11.

Distribution système C. Bonjour.

Epure du mouvement de la coulisse

Il en résulte, pour chaque tour, un mouvement rapide de va-et-vient, du tiroir de détente, qui produit l'obturation alternative des orifices d'admission, avant et arrière, au cylindre moteur. L'autre petit piston fonctionne, comme amortisseur des chocs, dans un cylindre à eau J placé à l'arrière de la boîte à vapeur. Ce cylindre à eau n'est muni d'aucun presse-étoupe, ni robinet, il se remplit simplement d'eau de condensation qui passe ensuite d'une face à l'autre du petit piston par le faible jeu qui existe entre lui et son cylindre.

Le distributeur, qui commande le tiroir de détente, est mu par un dispositif à coulisse spécial, que l'on voit sur l'élévation, et qui se compose d'une coulisse *a* articulée en *b* sur la barre d'excentrique du tiroir principal. Cette coulisse porte une queue *b c* forgée d'une seule pièce avec elle ; le point *c*, articulé à un levier *c d*, décrit autour de l'axe *d* un arc de cercle, tandis que le point *b* de la barre d'excentrique décrit une ellipse. Enfin le régulateur déplace le coulisseau le long de la coulisse.

Tracé de l'épure, figure 11. — Traçons la circonférence en O, représentant la course de l'excentrique, puis l'ellipse décrite par le point *b*, dont le petit axe est réduit proportionnellement aux longueurs de la barre d'excentrique déterminées par la position de ce point *b*. Soit AR, la position de l'excentrique quand la manivelle est au point mort arrière M; AV celle correspondant au point mort avant, la rotation étant indiquée par la flèche; C l'arc décrit du centre D par la queue de la coulisse.

Divisons la ligne AR-AV, proportionnelle à la course des pistons, en 10 parties, puis déterminons les points correspondants du cercle, en tenant compte de l'obliquité de la bielle, reportons ces points, verticalement, ce qui est suffisamment exact en pratique, sur l'ellipse; nous aurons les diverses positions de l'articulation *b* de la coulisse sur la barre d'excentrique, pour chaque fraction de 0,1 de la course du piston.

Traçons maintenant les leviers et la coulisse, supposée droite, dans leurs diverses positions, correspondant à ces points de division 0,1,2,3....7. Le point supérieur de la coulisse décrivant une ellipse, le point inférieur décrit une courbe irrégulière. Si maintenant nous prenons, à partir de ce point inférieur de la coulisse, trois autres points également espacés, nous obtenons facilement leurs trajectoires. On voit de suite que les points 0, 1, 2, 3, 4, 5, 6, situés presque verticalement, sur un arc de grand rayon, sont communs à la coulisse pour les deux courses avant et arrière du piston moteur; si donc le distributeur du petit tiroir de détente est placé de façon que dans sa position moyenne, sa bielle, liée au régulateur, puisse occuper successivement l'un de ces points 0, 1, 2..., la détente aura lieu successivement de 0,1 à 0,6 de la course du piston et sera la même sur les deux faces du piston moteur.

Les diagrammes (fig. 12), prouvent que la distribution ne laisse rien à désirer.

Distribution au grand cylindre.— Ainsi que nous l'avons dit dans la préface, le grand piston doit admettre un volume égal au volume total du petit cylindre; le rapport de l'admission au volume total, dans ce grand cylindre, doit donc être constant et le même que celui des surfaces des pistons, puisque ces pistons ont même course, ce rapport est ici de 1/3. Le constructeur a adopté un rapport un peu plus faible.

Cette distribution au grand cylindre se fait au moyen d'un tiroir double en coin, mais l'admission a lieu simultanément par trois orifices, tandis que l'évacuation n'a lieu que par un seul orifice. Cette disposition permet d'obtenir de faibles admissions avec un tiroir unique sans qu'il en résulte de trop

FIG. 12.

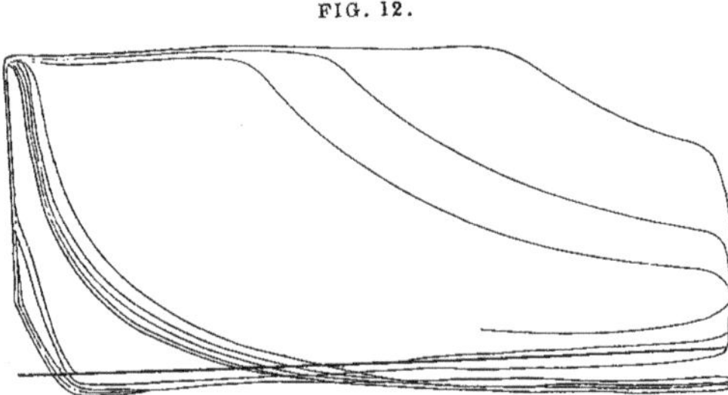

grandes compressions. Pour deux de ces orifices débouchant sur le dos du tiroir, l'admission s'opère au moyen de contre-plaques, encastrées dans la boîte à vapeur, fixes par rapport au mouvement longitudinal du tiroir; mais pouvant s'appliquer librement sur le dos de ce tiroir où elles sont maintenues au moyen de ressorts disposés *ad hoc.*

Si la compression dans le cylindre devenait plus forte que la pression dans la boîte, ces plaques, en se soulevant, ainsi que des soupapes, laisseraient échapper l'excès de vapeur comprimée dans la boîte à vapeur, sans aucune perte.

Selon l'importance de la construction, l'admission qui a lieu ici par trois orifices pourrait avoir lieu par deux ou quatre orifices.

Condensation. — La vapeur en sortant du grand cylindre se rend, par un conduit transversal sous les cylindres, dans la boîte du clapet à double siège qui permet de la diriger au condenseur ou à l'air libre. Du condenseur, le mélange, eau et vapeur, arrive au bas de la pompe à air, dont le piston est conduit directement par un plateau manivelle calé à l'extrémité de l'arbre moteur.

Le clapet d'aspiration est à double siège. Les deux clapets, montés sur la même tige et munis de ressorts, peuvent être facilement visités en démontant l'écrou supérieur de la tige et en enlevant le couvercle demi-sphérique, dont le joint n'a pas besoin d'être étanche. Enfin, en faisant faire une légère rotation à la tige, on dégage ses encoches inférieures et on peut l'enlever avec le siège double inférieur du clapet d'aspiration.

Le piston plongeur est constamment surmonté d'eau, afin d'éviter les rentrées d'air à l'aspiration. La pompe alimentaire, rapportée en avant de la pompe à air, est conduite au moyen d'un bras portant un collier serré à la partie supérieure du piston à air; le coinçage, produit sur ce collier agissant en porte à faux, en empêche le glissement.

Le tableau suivant donne les dimensions principales de ces machines.

Compounds de la Cie de l'Horme, système Bonjour.

| Diamètre des cylindres | | Course des pistons | Tours par minute. | Force norm. chev. effect. | Vapeur par chev. indiqué heure | VOLANT-POULIE | | EMPLACEMENT (volant compris) | | Profondeur des fondations | Cubes des maçonneries | POIDS |
Petit	Grand					Diam.	Larg.	Long.	Larg.			
200	345	400	150	45	7.6 Kilogs	2m000	300	3m400	3m600	1m050	13me	6.000
225	355	450	140	55	7.4	2m200	350	3m590	3m850	1m030	16	7.500
260	450	520	130	90	7.2	2m500	400	4m210	4m300	1m200	25	10.000
300	520	600	120	130	7	2m800	450	4m750	4m700	1m320	30	15.000
350	600	680	110	180	6.8	3m000	600	5m280	5m000	1m460	36	20.000
400	690	800	100	250	6.5	3m500	650	5m900	5m300	1m750	50	28.000
450	780	900	90	330	6.5	4m000	700	6m500	5m600	2m200	70	38.000

MACHINE A UN CYLINDRE DE LA Cie DE L'HORME

A DÉTENTE CINÉMATIQUE C. BONJOUR

Planche X (fig. 1, 2, 3, 4) et figure 13.

La construction du cylindre, du bâti, de la pompe à air et des organes de mouvement de cette machine, se rapporte à ce que nous avons déjà dit au sujet de la machine Compound.

La distribution (fig. 4) a lieu au moyen d'un tiroir en coin, double comme précédemment, dans lequel est logé le tiroir de détente équilibré qui se meut dans des douilles en métal dur. Ces douilles comportent chacune quatre orifices circulaires, dont trois, pour l'admission directe de la vapeur, seront alternativement ouverts ou fermés par le tiroir de détente.

Ces deux tiroirs sont conduits par un même excentrique (fig. 14 ci-dessous) ; à cet effet, leurs barres respectives A et B sont articulées en deux points différents a et b du même collier. Ce collier porte une troisième articulation c reliée par une bielle $c\ d$ à l'extrémité d'un levier coudé $d\ e\ f$ dont l'axe e oscille dans un bossage venu de fonte sur le palier du bâti, et dont le point f est relié au régulateur.

FIG. 13.

Supposons pour un moment que le point d soit fixe, on voit que, l'excentrique tournant, le point c oscillera en restant toujours sur un arc de cercle décrit du point d et les points a et b décriront des courbes qu'il est facile de tracer par points et qui détermineront les courses et les positions respectives des tiroirs. Tant que le point d restera fixe, la détente sera fixe ; mais si le point f, relié au régulateur, se déplace en f', d viendra en d' et l'arc de cercle décrit par le point c du collier, changeant d'orientation, les courbes décrites par les points a et b changeront d'amplitude et la détente sera changée.

Tracé de l'épure figure 15. — Soit AR le centre de l'excentrique correspondant au point mort arrière M et AV la position de ce centre correspondant au point mort avant. L'axe fixe *e* ou *c* est sensiblement sur la perpendiculaire élevée du centre *o* sur la direction AV AR.

Divisons AV AR représentant la course en 10 parties, et déterminons les points correspondants du cercle, en tenant compte de l'obliquité de la bielle, pour la position en *d* du levier, l'articulation *c* du collier restera sur

FIG. 14.

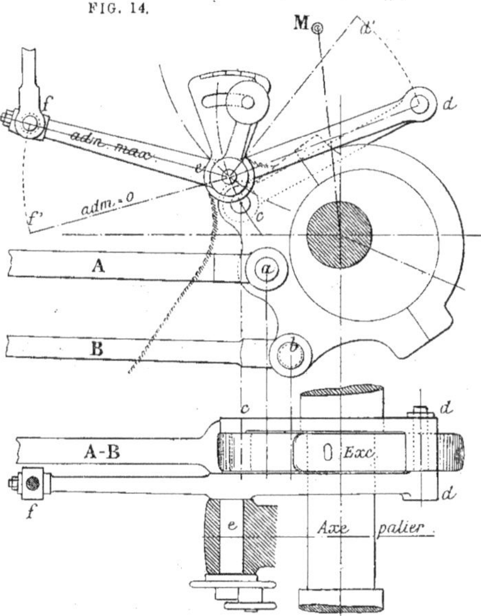

l'arc décrit de ce point; il sera facile de tracer par points les courbes décrites par les points *a* et *b* du collier de l'excentrique, puisque les distances respectives de ces points sont constantes. En plaçant le point *d* en *d'*, puis dans sa position moyenne, on tracera de même, par points, les nouvelles courbes décrites par les points *a* et *b*. Nous obtenons ainsi le groupe des trois courbes A, et le groupe des trois courbes B.

Traçons dans ces groupes et avec des rayons égaux aux longueurs des

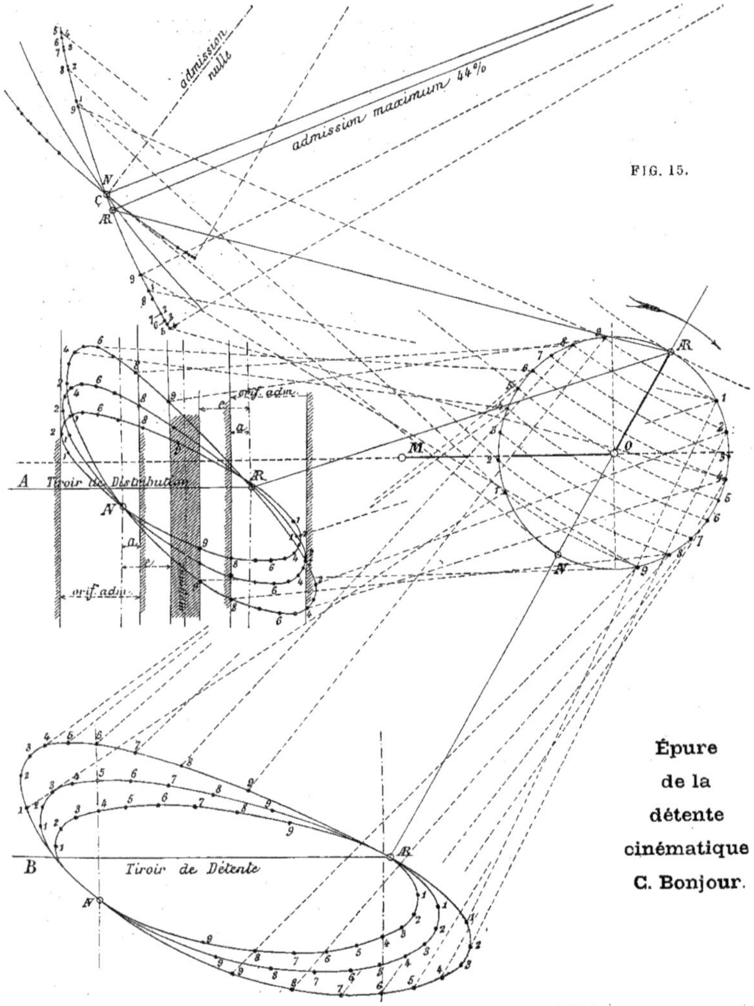

FIG. 15.

**Épure
de la
détente
cinématique
C. Bonjour.**

bielles A et B des tiroirs, des arcs, passant par les points AV AR de ces courbes
qui sont ceux correspondants aux points morts.

On peut maintenant se donner l'avance à l'admission a et l'avance à
l'échappement e du tiroir principal et on tracera, toujours avec le rayon A,
les bords des orifices dans le groupe des courbes A. Le tracé fait voir : 1° que
ce tiroir principal donne une introduction maximun de 0,8 de la course;
2° que l'échappement commence aux 0,9 avec une faible compression.

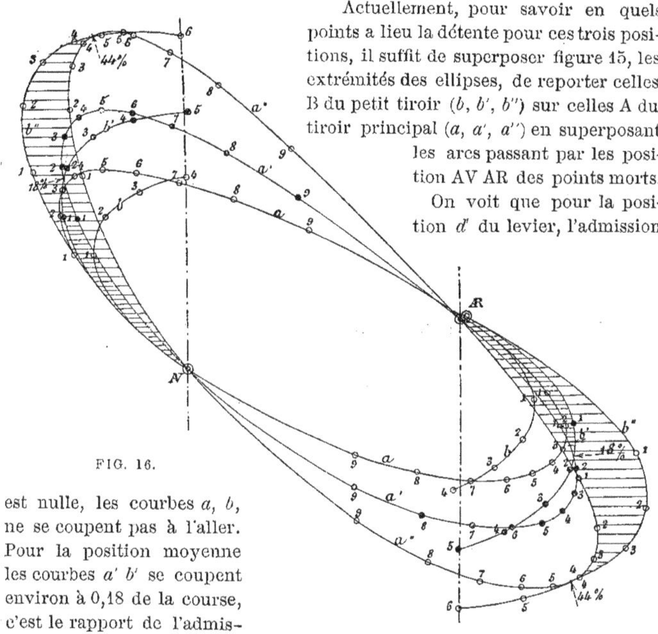

FIG. 16.

Actuellement, pour savoir en quels
points a lieu la détente pour ces trois positions, il suffit de superposer figure 15, les
extrémités des ellipses, de reporter celles
B du petit tiroir (b, b', b'') sur celles A du
tiroir principal (a, a', a'') en superposant
les arcs passant par les posi-
tion AV AR des points morts.

On voit que pour la posi-
tion d' du levier, l'admission
est nulle, les courbes a, b,
ne se coupent pas à l'aller.
Pour la position moyenne
les courbes a' b' se coupent
environ à 0,18 de la course,
c'est le rapport de l'admis-
sion moyenne. Enfin, pour la position d, les courbes a'' b'' se coupent à
environ 0,44, c'est le rapport de l'admission maximum.

On peut remarquer sur la figure 15, que, pour les trois positions du régulateur, le tiroir principal découvre presque toute la largeur des orifices du
cylindre, sa course est à peu près constante; tandis que la course du tiroir de
détente diminue à mesure que diminue l'introduction.

Les surfaces hachurées (fig. 16) entre les courbes a'' b'' et entre les courbes a' b' font voir suivant quelle loi les orifices découverts par le tiroir de détente croissent et décroissent. C'est pour cela que le petit tiroir de détente découvre simultanément trois sections de passage à la vapeur.

Cette figure 16 fait voir aussi que le tiroir de détente n'ouvre les orifices en AV qu'à partir du point mort, il n'y a donc en réalité aucune avance à l'introduction à l'avant.

A l'arrière en AR, le tiroir de détente donne une légère avance, mais pour l'admission maximum seulement. Cette avance est obtenue, en plaçant le point C (fig. 15), où se croisent les arcs directeurs, un peu en dehors de la verticale élevée en O sur la direction AV AR de l'excentrique. Si en effet ce point C était exactement sur cette verticale, toutes les courbes se couperaient exactement aux mêmes points AV AR, puisque sur les arcs directeurs les points AV AR se confondraient toujours avec le point de croisement C de ces arcs.

Il était à prévoir que les deux tiroirs étant conduits par un même excentrique, et leur position relative devant être la même à chaque point mort, les avances à l'admission du deuxième tiroir devant être nulles, car l'avance donnée à un point mort conduirait à un retard par l'autre point mort.

Le tableau ci-après, donne les conditions d'établissement de ces machines fonctionnant à 5 k. avec admission de 47 et à condensation.

Machines à un cylindre à condensation, de la Cie de l'Horme à détente cinématique système C. Bonjour.

Diamètre des cylindres	Course des pistons	Tours par minute	Force en chevaux	Vapeur par cheval indiqué heure	VOLANT-POULIE		EMPLACEMENT (volant compris)		Profondeur des fondations	Cube des maçonneries	POIDS
					Diamètre	Largeur.	Longueur.	Largeur.			
				Kilogs							Kilogs
160	320	170	10	8. 0	2^{m}000	0^{m}250	3^{m}200	2^{m}650	0^{m}700	7^{m3}	1.800
190	380	160	15	8.50	2^{m}000	0^{m}250	3^{m}500	2^{m}850	0^{m}800	10^m	2.500
225	450	150	20	8.00	2^{m}500	0^{m}300	3^{m}810	3^{m}020	0^{m}880	15^m	3.500
260	520	140	30	8.00	2^{m}500	0^{m}300	4^{m}300	3^{m}300	1^{m}000	18^m	4.500
300	600	130	45	7.50	3^{m}000	0^{m}350	4^{m}870	3^{m}780	1^{m}130	25^m	6.200
350	700	120	70	7.50	3^{m}000	0^{m}350	5^{m}500	3^{m}950	1^{m}250	35^m	9.000
400	800	110	100	7.00	3^{m}500	0^{m}400	6^{m}060	4^{m}200	1^{m}320	40^m	12.000
450	900	100	120	7.00	4^{m}000	0^{m}450	6^{m}600	4^{m}500	1^{m}500	50^m	15.000

MOTEURS A PISTONS DISTRIBUTEURS,

SYSTÈME C. BONJOUR ET COMPAGNIE DE L'HORME

Planche X, figure 5 et 6.

Ces moteurs se composent essentiellement de deux cylindres en croix, dont le petit est percé dans le grand. Le petit piston monté sur le bouton de la manivelle sert lui-même de coulisseau pour transmettre à cette manivelle les efforts du grand piston.

Cette disposition est, en principe, déjà ancienne, mais, on employait un tiroir, généralement rotatif, pour opérer la distribution de la vapeur, tandis que, dans les moteurs dont nous nous occupons ici, ce sont les pistons qui effectuent réciproquement la distribution d'un cylindre à l'autre.

Dans le cas de machine à détente variable, le petit piston sert de distributeur au grand et dans le cas de machine à détente fixe, chacun des pistons forme l'appareil de distribution qui commande l'autre.

Les auteurs ont, de plus, étendu ce principe aux pompes et compteurs à eau.

Moteur à détente variable (fig. 5)

Ce moteur comporte un cylindre A avec enveloppe de vapeur B, qui reçoit la vapeur arrive la tubulure C. Le cylindre A est pourvu de trois orifices, dont deux EE', pratiqués dans le milieu du cylindre, communiquent par des conduits GG' avec l'appareil de détente variable et servent à l'admission de la vapeur et le troisième D établi sur le côté du cylindre communique constamment avec la tubulure d'échappement F.

Les deux fonds du cylindre A comportent des petits cylindres HH qui sont constamment en communication par des orifices H'H' avec l'enveloppe de vapeur.

Dans le cylindre A peut coulisser un piston I dont les 2 faces sont fondues avec des petits pistons I' qui s'engagent dans les petits cylindres H. La vapeur emprisonnée de dans ces cylindres H constitue des ressorts à vapeur qui amortissent les chocs de fin de course du grand piston I.

Le piston I est évidé de façon à former un cylindre J dans lequel est engagé le piston K. Ce piston est en deux pièces assemblées par des boulons et emboîtant le maneton de la manivelle. Ce piston K, dans sa partie médiane, présente des évidements L constamment en communication avec l'orifice d'échappement P.

Le grand piston I est perforé en deux points MM' diamétralement opposés, mettant le cylindre J en communication avec le cylindre A. Ces ouvertures laissent entre elles et les extrémités du cylindre J un espace suffisant pour y loger les parties extrêmes du piston K.

Des garnitures établies autour du piston I en assurent l'étanchéité. L'une de ces garnitures est formée d'un segment N poussé constamment contre la paroi du cylindre par un ressort à boudin N' qui garnit tout le fond de la gorge, le segment le comprime en lui donnant une configuration elliptique qui détermine sa tension.

L'appareil de détente variable est formé de deux cylindres P P', dans lesquels sont deux pistons RR' accouplés sur un même excentrique S; celui-ci est fixé sur un manchon fileté T qui emboîte l'extrémité de l'arbre coudé O et qui peut glisser longitudinalement sur lui, sans cependant pouvoir tourner autour de lui. Le manchon T traverse un presse-étoupe et porte une bague U emboîtée et maintenue dans un levier V formant chape. Ce levier est pourvu d'une tige V', qui s'enclanche dans le secteur V'' et maintient ainsi le levier dans la position voulue. Dans le cas où la détente doit varier par le régulateur, le levier V est relié d'une façon convenable avec celui-ci.

Pendant la rotation de l'arbre de couche, l'excentrique S fait mouvoir les pistons RR' qui alternativement découvrent et recouvrent les lumières G et G', et, par suite, admettent ou interceptent l'entrée de la vapeur dans le cylindre J.

Considérons le fonctionnement commençant au moment où le piston I se trouve à mi-course, comme le montre le dessin, et supposons que ce piston se déplace de droite à gauche. A cet instant le piston conjugué K est au haut de sa course, les pistons distributeurs R et R' sont à la descente, le piston R est sur le point de dégager la lumière G pour y admettre la vapeur, le piston R' a déjà fermé la lumière G'. La lumière M du grand piston a été découverte depuis le commencement de la course du grand piston grâce à l'un des biseaux pratiqués sur le petit piston K au droit des deux orifices MM'. La lumière M' est en communication avec l'échappement F par l'intermédiaire des évidements L. Dans ces conditions, la vapeur emprisonnée entre le piston I et le fond gauche du cylindre A peut s'échapper librement dans l'air ou dans un condenseur; d'autre part, la vapeur qui a passé du cylindre J dans le cylindre A par la lumière M peut s'y étendre librement et dans ces conditions le piston I sera sollicité de la droite vers la gauche.

Par ce mouvement, le piston R, entraîné par l'excentrique S, commence à ouvrir progressivement la lumière G, la vapeur afflue dans la partie supérieure du cylindre J, agit sur le piston K qui, descendant sous l'action de la vapeur à son maximum de pression, concourt avec le piston I à actionner le vilebrequin O.

Lorsque le piston I arrive à fond de course, le piston K a fait une demi-course pendant laquelle il a peu à peu fermé les deux orifices MM'. Il est alors sur le point de les ouvrir à nouveau, mais cette fois pour faire communiquer l'orifice M' avec la vapeur qui remplit la partie supérieure du cylindre J, et l'orifice M avec la chambre annulaire L et l'échappement. La distribution est donc renversée pour le grand piston I par le petit piston K qui lui sert ainsi de distributeur. D'autre part, les pistons de distribution R et R' continuent leur mouvement de va et vient alternatif et le piston R remontant ferme progressivement l'introduction dans le conduit G.

Lorsque le piston K est arrivé au bas de sa course, le piston I est à mi-course de sa marche vers la droite, le piston R' commence à découvrir la lumière G', la vapeur pénètre sous le piston K et le refoule vers la partie supérieure. En même temps que le piston K remonte, le grand piston I continue son mouvement sous la poussée de la vapeur qui se détend et qui, de plus, est refoulée du cylindre J dans le cylindre A par le petit piston K. Au moment où le piston I arrive à fin de course, le piston K est remonté de façon à boucher les deux orifices M et M' et il est sur le point de les démasquer pour renverser la distribution dans le cylindre A. Les diverses phases du fonctionnement continuent ainsi successivement.

Quoique le piston K ne soit pas muni de ressort à vapeur, tout choc à fin de course est évité par la contre-pression de la vapeur qui a lieu à partir du moment où le piston K a bouché l'orifice M ou M'.

Cette compression de fin course est telle que la vapeur comprimée soit ramenée à la pression d'introduction.

En imprimant, au moyen du levier V, soit à la main, soit par le régulateur, un mouvement longitudinal au manchon fileté T, on change l'angle de calage de l'excentrique S et par suite la détente de la vapeur. On pourrait d'ailleurs employer tous autres moyens pour varier cet angle de calage.

Dans la machine que nous venons de décrire la purge des cylindres A et J s'opère par l'ouverture W.

Moteur à détente fixe (fig. 6)

Dans ce moteur, les deux pistons se distribuent mutuellement la vapeur.

Cette machine comporte un cylindre A dont les fonds sont fondus avec les petits cylindres additionnels H H qui communiquent constamment par des orifices H' avec l'enveloppe de vapeur B. Dans le cylindre A peut se déplacer librement un piston I dont les faces sont pourvues de petits pistons supplémentaires I' engagés dans les petits cylindres H, en formant avec ceux-ci des ressorts à vapeur. Le piston I est évidé de façon à former un cylindre intérieur J, fermé à ses deux extrémités. L'admission dans le cylindre J a lieu par les conduits MM' et l'échappement par les orifices XX'. Le piston I est muni de garnitures NN..... Les lumières d'admission sont établies en GG'.

Pour expliquer le fonctionnement de ce moteur, prenons-le dans la position du dessin. — Le piston I est à mi-chemin de sa course de droite à gauche et le piston K est au haut de sa course ; la vapeur arrive par la tubulure C, et remplit l'enveloppe B ; les lumières G et G' sont fermées par les recouvrements du piston I. L'orifice X met le petit cylindre J en communication avec le côté droit du grand A et l'orifice X' met en relation le côté gauche du cylindre A avec l'échappement par l'intermédiaire de l'espace L.

La vapeur qui est entrée par la lumière G et le conduit M pour refouler le petit piston K se détend par l'orifice X dans le grand cylindre. Elle agit donc en ce moment simultanément sur les deux pistons K, I ; or son action sur le piston K est négative, puisqu'elle tend à l'empêcher de descendre et par suite à entraver le mouvement ; au contraire, sa poussée sur le piston I est positive, c'est donc l'action différentielle de la vapeur qui fait fonctionner le moteur et cela jusqu'au moment où le piston K découvre l'orifice M'. A partir de cet instant les deux pistons conjugués travaillent dans le même sens.

Pendant le temps très court que dure le passage de la garniture du piston K sur l'orifice X', le piston I comprime la vapeur dans la partie gauche du cylindre A ; mais à peine l'obturation complète a-t-elle cessé que le côté gauche du cylindre A communique avec la partie supérieure du cylindre J et, par suite, reçoit la vapeur, alors que, au contraire, le côté droit du cylindre A est en communication avec l'échappement. Le piston I sera donc sollicité de la gauche vers la droite. Il est à remarquer que dans sa descente le piston K comprime la vapeur dans la partie inférieure du cylindre J depuis l'instant qu'il a dépassé l'orifice X. C'est cette compression qui évite les ressorts à vapeur pour le piston K.

Dès que le grand piston I sera revenu au milieu de sa course, le moteur fonctionnera, comme nous venons de l'indiquer pour la demi-course exécutée de droite à gauche, mais en sens inverse.

On comprend qu'en variant la grandeur des lumières GG', ainsi que le montre le ponctué, il sera facile d'obtenir des détentes plus ou moins grandes.

MACHINES PILON DE M. BORSSAT,
SYSTÈME BONJOUR-

M. Borssat a exposé plusieurs machines pilon à grande vitesse. Le plus petit modèle est exactement disposé comme celui qui est dessiné planche XI, (figures 1 et 2) et figure 18 du texte, il n'en diffère que par le tiroir qui est plan (fig. 17) au lieu d'être cylindrique. Quand au système de détente dû à M. C. Bonjour il est le même pour toutes ces machines.

Ce système de détente est une profonde modification de la détente Farcot

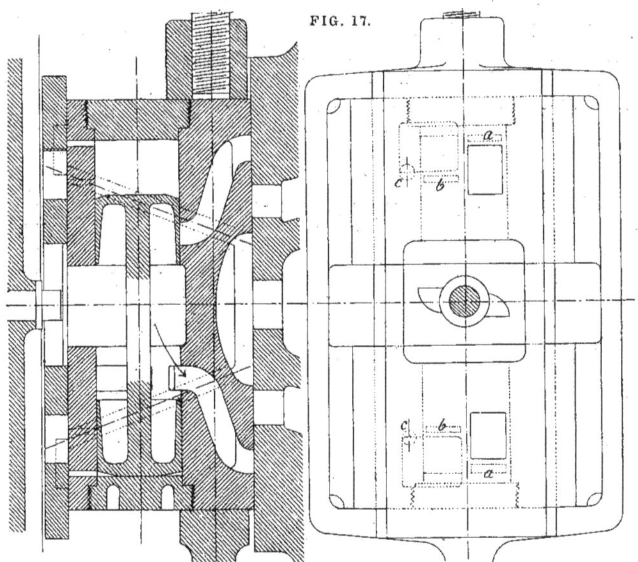

FIG. 17.

dont la came seule est conservée ; il en résulte que, comme celle-ci, ce système ne peut donner que des admissions de 0,3 environ et en moyenne comme nous le verrons par la figure 20, mais il offre l'avantage d'une fermeture rapide des lumières et surtout, il permet de marcher à un grand nombre de tours, ce que ne permet pas la détente Farcot.

Le tiroir de distribution comporte (figure 17) deux petits cylindres dans chacun desquels débouche un des conduits du tiroir. Dans ces petits

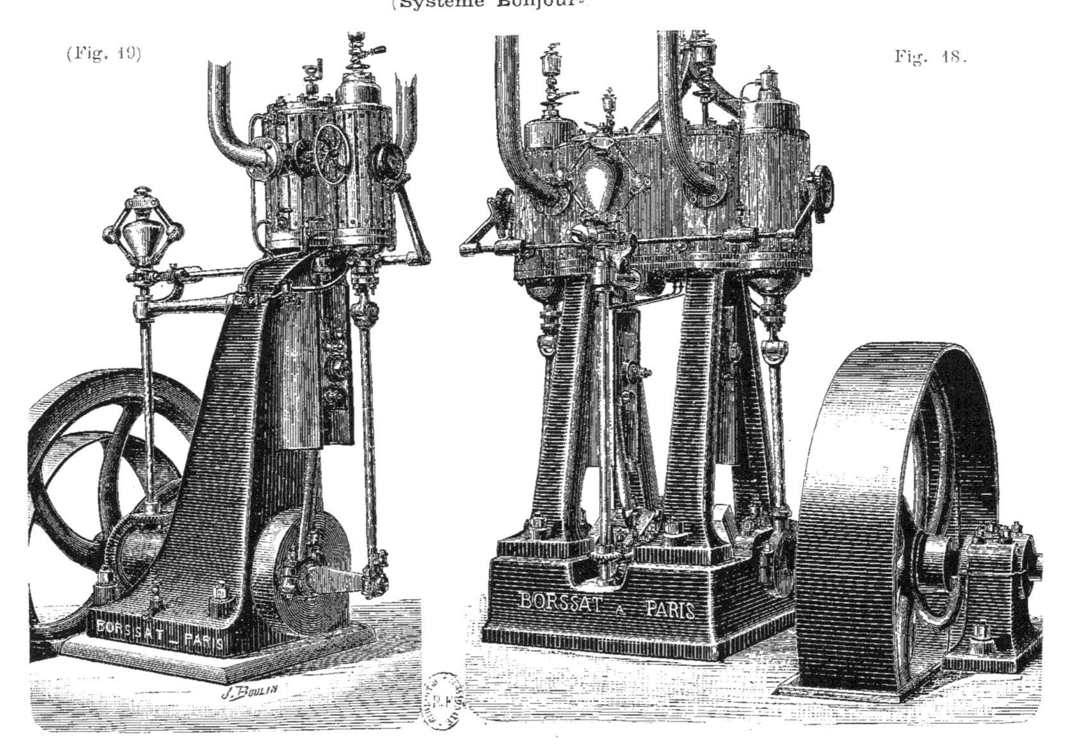

Machines de M. Borssat

(Système Bonjour.

(Fig. 19)

Fig. 18.

cylindres peuvent jouer deux pistons solidaires formant le tiroir de détente. La vapeur passe donc entre ces deux petits pistons pour aller au cylindre moteur. Enfin sur le dos des petits cylindres est ajusté à coulisse un petit tiroir plan et double dont le milieu est évidé pour faire place à la came conduite par le régulateur, et sur laquelle il vient heurter à chaque fin de course. Ce petit tiroir porte deux lumières qui, par suite de son déplacement en avant ou en arrière communiqueront alternativement avec l'un ou l'autre des conduits *a a* donnant ainsi à la vapeur accès sur le petit piston. En même temps, l'une des cavités creusées sous ce petit tiroir mettra en communication les conduits *b* et *c* allant à l'échappement, donnant ainsi issue à la vapeur qui a agi précédemment sur l'autre petit piston.

Les deux cavités de ce petit tiroir communiquent sans cesse avec les conduits *c*, formés d'un tube serti dans la fonte, de telle sorte que la pression de la vapeur tient ce petit tiroir appliqué sur le grand, qui ainsi, l'entraîne toujours dans son mouvement. En définitive, à chaque déplacement, très petit, du petit tiroir heurtant la came, correspond le déplacement des pistons de détente dont l'un ferme le conduit de vapeur et l'autre ouvre le conduit correspondant, pour l'admission prochaine.

Afin d'empêcher que les petits pistons de détente ne viennent heurter le fond de leur cylindre respectif, on a placé les conduits *a* et *b* de chaque cylindre à une certaine distance, il en résulte que chaque petit piston ferme lui-même son conduit *c* et emprisonne ainsi devant lui une certaine quantité de vapeur qui, en se comprimant, amortit le choc qui aurait lieu sans cela.

Machine Pilon simple (fig. 18)

Planche XI. — Figures 1 et 2.

La figure 18 donne la vue en perspective de ce moteur. Le bâti, en forme de console, reçoit à sa partie supérieure le cylindre, tandis que à sa partie inférieure, il est traversé par l'arbre emmanché dans une longue douille en fonte dure. Cet arbre est lui-même en acier dur et son graissage est assuré par un bain d'huile existant autour de la douille, et dont le niveau est indiqué par un godet latéral.

Le tiroir de distribution, placé en avant du cylindre, est commandé par une contre-manivelle. Ce tiroir est cylindrique, il reçoit la vapeur en son milieu, il est percé du côté de la came d'un orifice égal à celui du côté de l'arrivée : il est ainsi parfaitement équilibré et n'exige donc de la contre-manivelle qu'un faible effort pour être déplacé; il est long, de façon à agir aux extrémités du cylindre et à réduire ainsi les espaces nuisibles. Ce tiroir comporte les organes de la détente précédente ; à l'intérieur, un tiroir de détente formé de deux petits pistons et un petit tiroir plan qui vient heurter une came centrale et distribuer la vapeur aux pistons de détente.

La commande du régulateur est directe, et la transmission du déplacement de son manchon à la came se lit facilement sur les figures.

Machines Pilon accouplées (fig. 19)

Pl. XI, fig. 3 à 5.

Ce moteur, dont la figure 19 donne la vue en perspective, fonctionnait dans la station du syndicat des électriciens.

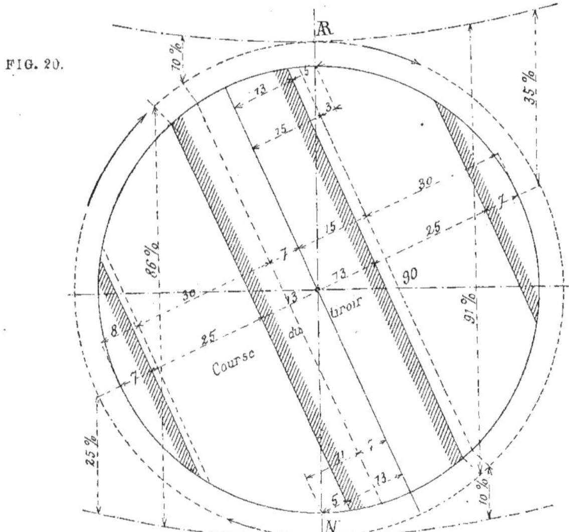

Il est composé de deux cylindres égaux dont les pistons sont accouplés à 90°.

Chaque cylindre est muni d'une distribution en tous points semblable à la précédente. La figure 20 ci-dessus, ou diagramme de Reuleaux (1), donne les conditions de la distribution qui sont les suivantes :

---

(1) Nous avons donné dans *Les machines à vapeur actuelles* l'étude complète de ce diagramme.

	Arrière	Avant
Avance linéaire à l'introduction.	5 $^m/_m$	5
Recouvrement extérieur.	13	13
Avance à l'échappement	3	11
Recouvrement extérieur.	15	7
Fond de course ou admission maximum	0,25	0,35
Compression.	0,10	0,10

Le diagramme figure 21 fait voir que la distribution est satisfaisante.

Les deux cylindres sont fondus ensemble et supportés par un bâti à quatre montants rejetés en dehors des axes des cylindres et boulonnés sur le socle portant les trois paliers de l'arbre manivelle.

Ces quatre montants formant les glissières sont venus de fonte avec l'entablement qui reçoit les cylindres, et avec des entretoises, réunissant les patins, que l'on coupe après alésage des glissières et ajustage du bâti sur le socle. Il serait plus simple de fondre d'une même pièce les montants et le socle, et c'est ce que fera le constructeur à l'avenir. La longueur des bielles est réduite à quatre fois la manivelle afin de diminuer la hauteur totale de la machine.

FIG. 21.

Modification de la distribution (fig. 22). — Cette modification consiste à dédoubler les conduits du tiroir principal à leur arrivée dans les cylindres des pistons de détente et par suite à employer un double piston dans chaque cylindre.

Cette construction permet de diminuer le diamètre des pistons de détente pour un même orifice de cylindre, elle convient donc pour les machines plus puissantes que les précédentes.

FIG. 22.

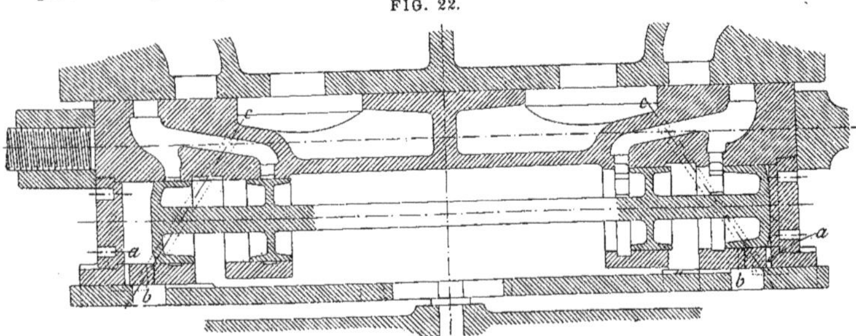

MACHINE WOOLF DE LA SOCIÉTÉ ALSACIENNE
A BELFORT

Planche XII.

Dans cette machine le petit cylindre superposé au grand est incliné de façon à attaquer la même manivelle, son axe est donc dans un plan vertical éloigné du plan passant par l'axe du grand cylindre, de la largeur de la tête de la bielle.

Ces deux cylindres enfermés dans une même boîte en tôle, sont à enveloppes de vapeur, recevant la vapeur par une tubulure supérieure au petit cylindre. Le robinet de prise de vapeur est placé sur le couvercle même de la boîte à vapeur du petit cylindre. La distribution au petit cylindre a lieu ici par un tiroir ordinaire sur le dos duquel un tuileau à mouvement circulaire conduit par le régulateur, ouvre plus ou moins les deux conduits, percés sur le tiroir, par où doit passer la vapeur. La vapeur d'échappement du petit cylindre arrive sur le couvercle même de la boîte à vapeur du grand tiroir.

Le mouvement des tiroirs est pris sur l'arbre intermédiaire a, commandé par trois roues dentées, un excentrique conduit directement le grand tiroir et un deuxième excentrique conduit le petit tiroir par l'intermédiaire d'un levier double b.

Dans la machine qui figure à l'Exposition, on a appliqué au petit cylindre une distribution à détente Rieder, il y a alors, sur l'arbre intermédiaire a, un troisième excentrique qui conduit un second levier double b'.

La machine est à condensation et la pompe à air, verticale, est conduite par une contre-manivelle. Le régulateur reçoit le mouvement du premier arbre intermédiaire c par deux paires de roues coniques.

Dans la machine qui figure à l'Exposition, cet arbre d conduit également la pompe alimentaire au moyen d'un excentrique.

MACHINE ÉQUILIBRÉE DE LA SOCIÉTÉ DE BALE
SYSTÈME BURGIN

Planche XII.

Ce moteur comporte un long cylindre ouvert des deux côtés avec un seul orifice au milieu servant à l'admission et à l'échappement de la vapeur.

Dans ce cylindre commun se trouvent deux pistons, qui par l'action de la vapeur se déplacent en sens inverse c'est-à-dire s'écartent et se rapprochent alternativement, agissant sur trois tourillons disposés à 180 degrés sur l'arbre moteur, de telle sorte que, les efforts que les bielles motrices exercent sur l'arbre moteur sont dirigés en sens inverse.

Comme la vapeur agit seulement entre les deux pistons du cylindre il n'y a besoin d'aucune presse-étoupe. Le piston le plus rapproché de l'arbre actionne ce dernier directement par une bielle, tandis que l'autre piston est relié par des tiges à un anneau coulissant sur la surface extérieure du cylindre et auquel sont adaptées deux bielles actionnant l'arbre. La distribution de la vapeur se fait par deux tiroirs cylindriques équilibrés et concentriques. Le tiroir intérieur détermine la détente.

La tranquillité de la marche du moteur résulte de ce que les masses se déplacent constamment en sens opposé, de sorte que le centre de gravité ne se déplace pas pendant la marche et de ce que la vapeur n'agit que d'un côté des pistons, et aussi parce que des ressorts appuient les coussinets des bielles motrices contre leurs tourillons afin de supprimer tout jeu entre ces coussinets et leurs tourillons correspondants.

Ce moteur est construit spécialement pour marcher à grande vitesse, de 400 à 500 révolutions par minute ; son arbre coudé est en acier dur, les coussinets des bielles et des paliers présentent de grandes surfaces de frottement de sorte que l'usure est très faible.

Les moteurs de ce système peuvent être actionnés par la vapeur ou l'air comprimé et on peut les construire à un ou deux cylindres.

MACHINES WOOLF DE M. WEIDKNECHT

SYSTÈME BROWN

Planche XIII

Monsieur F. Weidknecht a exposé une machine Woolf pilon à simple effet et les dessins d'une machine du même type à double effet, construite trop tard pour avoir pu figurer à l'Exposition.

Ces deux machines, ainsi que deux autres dispositions que nous signalerons, dans l'intérêt de nos lecteurs, sont dues à M. Ch. Brown ex-ingénieur de la société de construction de locomotives de Winterthur.

Elles sont toutes à *distribution centrale* et présentent un certain nombre de points communs que nous allons indiquer une fois pour toutes.

Le cylindre à haute pression occupe le centre de la machine et son piston agit sur une manivelle centrale ; le cylindre à basse pression, de forme annulaire, enveloppe le cylindre à haute pression et son piston commande deux manivelles placées de chaque côté de celle du piston central.

Cette disposition convient spécialement aux machines dites équilibrées, dont les manivelles sont placées à 180° c'est-à-dire opposées. Par cette disposition, ainsi que nous l'avons déjà dit dans la préface, les pistons marchant en sens inverse, les effets de l'inertie des pièces en mouvement se détruisent ; il en résulte, pour la machine, une marche douce sans vibration.

De ce que les pistons marchent simultanément, mais en sens inverse, il s'en suit que la distribution peut se faire par *un seul appareil distributeur*, donnant des périodes d'admission et d'échappement identiques, sauf de légères différences nécessitées par la différence de tension de la vapeur dans les cylindres, qui exige des valeurs différentes de compression pour annuler les forces vives des pistons et organes de transmission et assurer une marche douce.

Le régulateur placé dans le volant, à l'extrémité de l'arbre agit simplement sur un appareil obturateur de l'orifice d'arrivée. L'inventeur estime que l'avantage d'un appareil à détente variable, pour la régulation de ces machines compound, ne vaut pas la complication et la dépense qu'il entraîne. Les volants, au nombre de deux, sont du même poids, pour charger également les coussinets, et d'un grand diamètre pour réduire leur poids.

La distribution centrale, permet d'obtenir de grandes sections de passage pour l'admission et la sortie de la vapeur et aussi de raccourcir le chemin parcouru par la vapeur en passant d'un cylindre à l'autre pour éviter les chutes de pression entre les deux cylindres ; de réduire les pertes par le frottement de la vapeur et diminuer les espaces nuisibles. De plus, en plaçant le petit cylindre dans le grand, les pertes de chaleur par rayonnement sont réduites au minimum.

Nous allons examiner les divers dispositifs de la *distribution centrale*.

Dans nos dessins les mêmes lettres indiquent les mêmes organes, cela simplifiera considérablement les descriptions.

Machine à simple effet.

Planche XIII, figures 1 et 2.

Cette machine est du type dit *Boxe engine* « machine boite » dans lequel les organes de transmission sont enfermés dans une boîte contenant un bain d'huile pour le graissage et dans lequel plongent à chaque tour, les têtes de bielle ; un purgeur automatique (simple syphon) débarrasse continuellement le bain d'huile de l'eau de condensation qui s'y ramasse (1).

Voici d'abord les conditions d'établissement de cette machine :

Diamètre du petit piston. 250   section. . 490^{cm}9
Diamètre du grand piston. . . . 600 et 310   section. . 1057

---

(1) Nous avons indiqué cette disposition dans la machine Westinghouse, dans notre *Supplément aux Machines à vapeur actuelles*.

Course commune des pistons $= 250$. Tours 400
Rapport de détente. 0,22
Dans ces conditions, et à la pression de 6^k la force produite est. 50^{chx}
Surface occupée par la machine — . . . . 2^m000 sur. . 1^m000
Consommation de vapeur par heure et cheval. . . . . . . 12^K

Cette machine est équilibrée, les manivelles étant placées à 180°. Entre les parois des deux cylindres se trouve ménagé un espace E. F. qui sert de réservoir intermédiaire pour tenir compte de la différence entre l'avance à l'échappement du petit cylindre et l'avance à l'admission au grand cylindre.

La vapeur arrivant par la tubulure A doit traverser les orifices plus ou moins étranglés par le disque B, commandé par le régulateur, pour arriver au-dessus du tiroir circulaire central formé de deux parties C.D. de diamètres différents et munies de segments élastiques. Ce tiroir est conduit par la traverse a portant deux tiges $b\,b$ guidées sur presque toute leur longueur par deux tubes en laiton sertis dans la fonte; cet tiges $b\,b$ sont vissées à leur partie inférieure sur un cadre $c\,c$ sur lequel sont aussi articulées les barres des excentriques dd qui communiquent au tout le mouvement alternatif voulu.

Sur les figures 1 et 2, le tiroir C D est relevé, la vapeur fraîche n'entre pas, mais la vapeur qui vient d'agir sur le petit piston et a passé dans la capacité intermédiaire, commence déjà à avoir accès au-dessus du grand piston en passant par les orifices ronds percés autour du tiroir D.

Après un demi-tour, la position des pistons ayant changé le petit tiroir C se sera abaissé et aura ouvert les orifices supérieurs par où la vapeur arrivera sur le petit piston en passant au centre du tiroir D. En même temps la vapeur qui a fini de se détendre dans le grand cylindre se trouvera mise en communication avec la capacité E d'où part la tubulure d'échappement.

Le régulateur placé au bout de l'arbre, dans l'un des volants, est formé de deux masses cylindriques ee dont les extrémités sont reliées par deux ressorts à boudin; ces masses, emmanchées en leur milieu aux extrémités de deux leviers d'équerre, agissent sur le long levier en deux parties $f.g.$ et sur la tringle h qui imprime le mouvement de rotation au disque obturateur B. Les segments des pistons sont à spirale pour assurer en même temps l'étanchéité sur la surface cylindrique et sur les champs.

Les pistons sont reliés directement à l'arbre-manivelle; il n'y a ni tiges de pistons ni glissières. La machine étant à simple effet les bielles travaillent toujours à la compression; l'usure des organes ne joue donc aucun rôle dans son bon fonctionnement, condition importante pour une machine à grande vitesse; c'est pour ce motif que les pieds des bielles ne portent des coussinets qu'à leur partie supérieure, tandis qu'une sorte de bride seulement contourne l'arbre à sa partie inférieure.

7

Autre disposition à simple effet.

Planche XIII, figures 3 et 4.

Dans cette seconde disposition (fig. 3) la distribution est du type dit de Rackworth ou distribution sans excentrique. Le mouvement est donné au tiroir cylindrique central au moyen C de leviers indiqués figure 4 et dont le premier est articulé sur la bielle centrale du petit piston et, grâce aux proportions bien établies du mécanisme, la distribution s'opère d'une manière très satisfaisante tout en ne se servant, comme on le voit, que d'un seul tiroir cylindrique.

Comme l'indique le tracé supérieur, fig. 4, l'admission au petit cylindre (H. P.) a lieu pendant 0.35 de la course; l'admission au grand cylindre (B. P.) est d'environ 0.66 de la course.

Dans ce cylindre B. P. l'avance à l'échappement est déterminée par le piston lui-même qui découvre les orifices percés sur tout le pourtour du cylindre débouchant dans la capacité E de l'échappement. De cette façon le grand cylindre est en même temps purgé des eaux de condensation. Ce grand piston en remontant et fermant les orifices E fait subir à la vapeur qui se trouve ainsi enfermée une forte compression qui remplit les espaces vides.

La machine étant à condensation, le grand cylindre est fermé par le bas et la face inférieure du grand piston est en communication constante avec l'échappement. La caisse à huile est alors indépendante des cylindres.

Le régulateur agit toujours sur la tige h, mais celle-ci doit faire tourner la tige centrale pour que l'obturateur B qui est à l'intérieur étrangle plus ou moins les orifices d'arrivée a. Les autres orifices a ne servent que pour l'échappement. La soupape à double siège S sert pour la mise en train.

Machine à double effet.

Planche XIII, figures 5 et 6.

Le tiroir de distribution C. D. est formé de deux tiroirs annulaires, un pour chaque extrémité des cylindres, enveloppant le petit cylindre ; ces deux parties sont réunies par des entretoises creuses dd (fig. 5 et 7) qui établissent la communication de la vapeur vierge sur les deux faces extérieures de ces tiroirs; l'intérieur de ces tiroirs forme la capacité F ou réservoir intermédiaire où la vapeur passe en allant du petit au grand cylindre.

Les figures 5 et 6 donnent les coupes suivant deux plans perpendiculaires.

Dans la position indiquée des pistons, on voit que le tiroir inférieur ouvre l'admission sous le petit piston et l'échappement sous le grand piston allant au conduit F, tandis que le tiroir supérieur a déjà ouvert l'échappement au-dessus du petit piston et ouvre l'admission au-dessus du grand. Le régulateur agit sur un obturateur placé sur la tubulure d'arrivée, non indiqué sur notre dessin. Voici les conditions d'établissement de la machine :

Petit piston	diamètre $= 320$	section	$=$	804 c/m
Grand piston	» $= 660$—540	»	$=$	1131
Course commune . .	$= 250$	tours	$=$	300
Force en chevaux, à 6 k.	$= 100$	empl.	$=$	2^m—1,25

Autre disposition à double effet, fig. 7 et 8.

Les deux tiroirs annulaires C et D sont très simplifiés, ils sont pleins et ne comportent que deux segments élastiques, l'un intérieur l'autre extérieur. Mais où gît l'originalité de la disposition, c'est que ces deux tiroirs annulaires sont réunis par le petit cylindre lui-même réuni à la paroi intérieure du grand cylindre annulaire. La disposition des doubles orifices aux deux extrémités des cylindres se voit suffisamment sur les figures.

Nous n'avons qu'une dernière observation à faire au sujet de ces tiroirs doubles enveloppant le petit cylindre, c'est que leurs surfaces de frottement sont considérables et absorberont un travail plus élevé que les tiroirs de petits diamètres. Dans la disposition fig. 7 et 8, le tiroir doit vaincre outre son propre frottement, celui qu'exercent, sur ses deux faces cylindriques, les segments des pistons moteurs.

MACHINES MI-FIXES OU LOCOMOBILES DE M. WÉIDKNECHT

M. F. Weidknecht expose encore une machine Compound mi-fixe sur chaudière Thomas et Laurens (fig. 23). La distribution de vapeur au petit cylindre est à détente variable du système Rieder, contrôlée par le régulateur.

Les cylindres sont par moitié boulonnés sur le bâti et par moitié en porte à faux. L'arrivée de vapeur peut ainsi se faire au-dessous des cylindres. La vapeur d'échappement débouche dans une capacité du bâti traversée par des tubes sertis dans la fonte et dans lesquels l'eau d'alimentation se réchauffe.

Les dimensions principales de la machine sont celles du n° 6 du tableau ci-après :

Chaudière	Surface de chauffe.	$= 32$; de grille $= 1$
timbre 7 k.	Diamètre extérieur des tubes.	$= 75$; nombre $= 38$

Des essais ont permis de fixer environ à 1,1 kg la consommation de houille par cheval et par heure et 10 kg. d'eau avec condenseur.

Système de condensation de M. Grangé, appliqué à cette machine

Le *Condenseur* possède la propriété d'abandonner l'eau à la température la plus élevée possible et de s'alimenter avec de l'eau déjà chaude (1) ; ainsi en alimentant avec de l'eau à 4° on a obtenu un vide de 56 cm. de mercure et l'eau à la sortie du condenseur avait une température de 66°.

Le *Réfrigérant* est un appareil vertical en tôle galvanisée, au sommet duquel

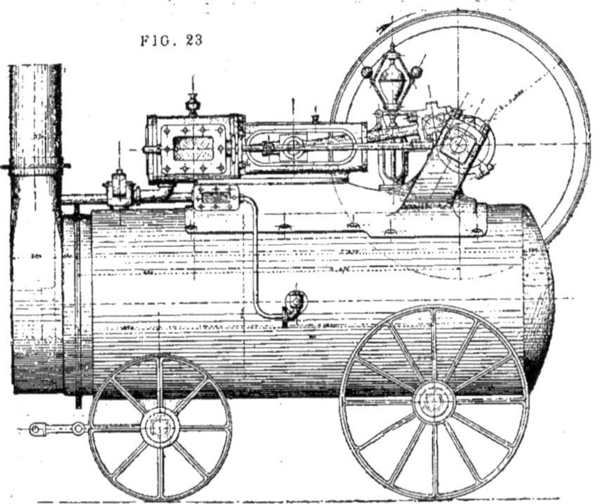

FIG. 23

l'eau chaude est refoulée. La puissance de l'appareil varie évidemment avec la température ambiante et avec l'exposition. Pour un réfrigérant exposé au midi, et par une température de 33° au soleil, l'eau refroidie avait une température de 39° et le vide au condenseur était de 57 cm. de mercure.

Voici les conditions d'établissement, prix et poids de ces machines.

---

(1) Nous avons déjà décrit dans notre *Supplément* un système analogue, construit par M Chaligny et Cie.

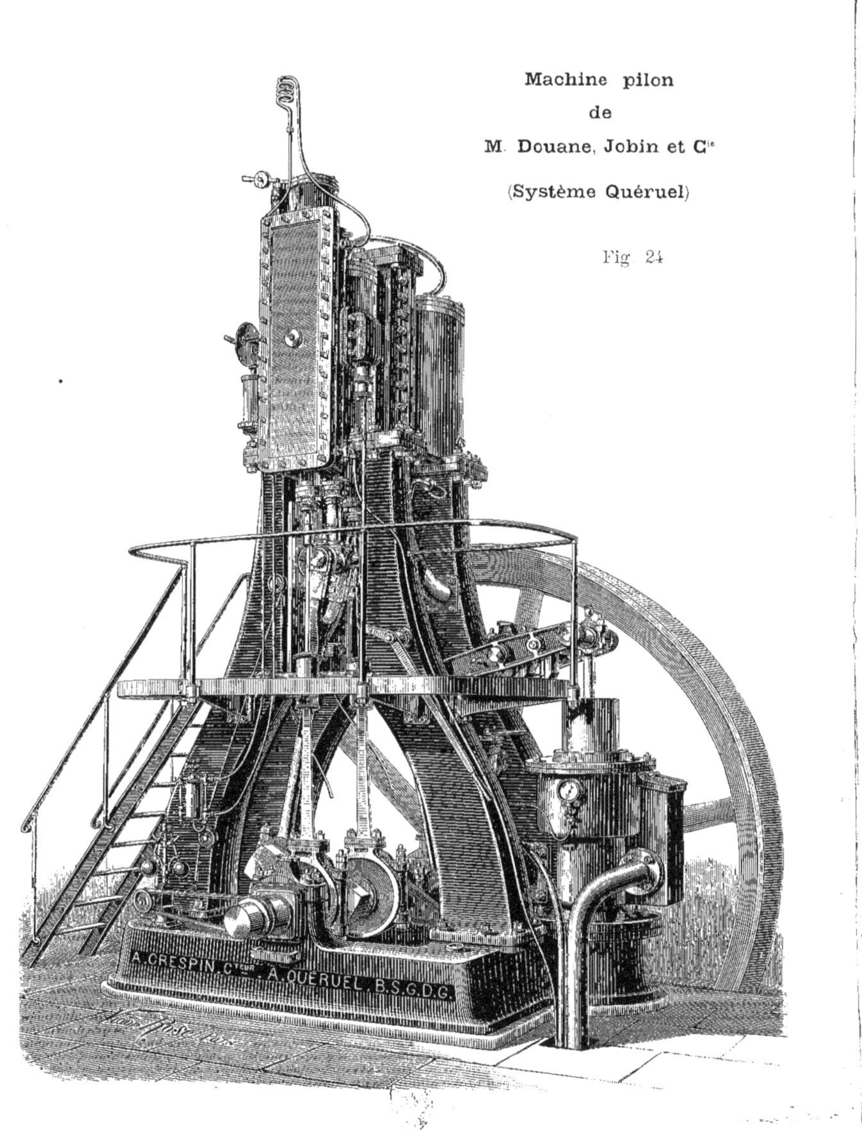

Machine pilon
de
M. Douane, Jobin et Cie

(Système Quéruel)

Fig. 24

- 53 -

Machines sur chaudières, de M. Weidnecht.

TYPES		FORCE en chevaux		Diamètres des cylindres.	Course des pistons.	Nombre de tours.	Diamètre des poulies-volantes.	Surface de chauffe.	Consommations sans condensation.		POIDS DES		PRIX DES		Prix supplém. pour changem. de marche.
		Nomin.	Maxima						Charbon.	Eau.	mi-fixes.	lo-com.	mi-fixes.	locom.	
											kil.	kil.	fr.	fr.	
A un cylindre.	1	12	15	196	265	115	1.400	$10^{m²}$	2	20	4.000		7.250	7.750	500
	2	15	20	252	320	110	1.450	14	à	à	5.500	4.600	8.200	8.800	575
	3	20	25	254	350	100	1.470	18	2 1|2	25	7.400	6.200	9.500	10.200	650
	4	25	30	280	350	100	1.500	24	k.	litr.	8.300	8 200	11.000	11.750	700
Compound.	5	30	40	360-210	360	110	1.600	25			8.500	9.500	16.000		1000
	6	45	55	410-240	410	105	1.825	32	1 k 50	14 l.	12.500		19.000		1200

MACHINE WOOLF PILON DE MM. DOUANE, JOBIN ET Cie

SYSTÈME QUÉRUEL

Figure 24.

Nous avons donné ailleurs (1) un dessin de cette machine. Nous rappellerons donc brièvement ses principales dispositions.

Les deux cylindres à enveloppe, fondus séparément, sont réunis par la bride de la boîte à vapeur intermédiaire, fondue par moitié avec chacun d'eux.

Chaque cylindre est boulonné sur deux piliers arqués formant les glissières et boulonnés eux-mêmes sur le socle portant trois paliers. L'un des piliers du grand cylindre, celui à droite de la figure, sert de condenseur ; on voit la tubulure d'échappement et le robinet d'injection boulonnés sur la face antérieure de ce pilier ; il se termine par la pompe à air, fondue avec le pilier. Le piston de cette pompe est conduit par deux petits balanciers en fonte reliés à la tête du grand piston.

La vapeur arrive dans les enveloppes par une tubulure qui n'est pas vue sur la figure ; de là elle pénètre dans la boîte du petit cylindre par le tiroir de mise en marche manœuvré par un levier qui descend à la portée du mécanicien.

La distribution au petit cylindre s'opère au moyen de deux tiroirs agissant

---

(1) Dans notre ouvrage principal : *Les machines à vapeur actuelles.*

aux extrémités du cylindre ; ces tiroirs rendus solidaires et équilibrés par un petit piston supérieur, reçoivent les tuileaux de la détente Farcot.

La vapeur en sortant d'une extrémité du petit cylindre passe directement au grand cylindre en traversant le tiroir intermédiaire (fig. 23). Enfin l'échappement de ce grand cylindre se fait dans la boîte même qui est mise en communication avec le condenseur.

Ce tiroir intermédiaire est un organe important de la machine. Il est formé aussi de deux tiroirs solidaires agissant à chaque extrémité des cylindres.

Chaque tiroir, détaillé (fig. 25), est formé lui-même de deux parties réunies

FIG. 25.

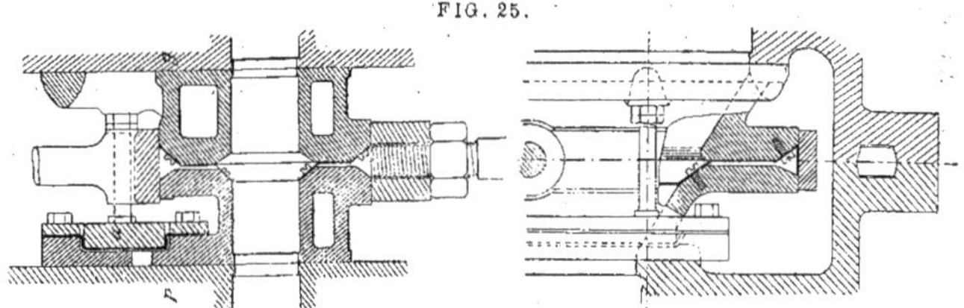

par une membrane élastique en cuivre rouge embouti, qui permet ainsi à chacune d'elles de s'appliquer exactement sur sa glace correspondante.

Le petit régulateur de la détente est, dans notre figure, placé sur le socle et commandé par une courroie, mais cette disposition a été modifiée.

MACHINES DE LA MAISON BRÉGUET

Figure 26.

La maison Bréguet expose un moteur pour la conduite directe des dynamos qu'elle construit. Ces machines du genre Compoud pilon sont toutes étudiées et construites par une vitesse normale de 350 tours par minute, et pour une pression de 5 à 6 k, dans la boîte du tiroir d'admission.

Les cylindres sont supportés par quatre colonnes boulonnées au bâti comme on le voit sur la figure 23. Une plaque en fonte formant les deux glissières est boulonnée aux deux colonnes d'arrière.

Les manivelles sont munies d'un contrepoids triangulaire, forgé avec l'arbre. Le graissage de toutes les parties est bien assuré.

La vapeur arrivant de la chaudière, est admise par le robinet de gauche dans l'enveloppe des cylindres, elle passe de cette enveloppe dans la boîte en traversant la soupape régulatrice que l'on voit à droite et sur laquelle agit le régulateur placé dans le volant. La distribution au petit cylindre est du système Meyer, mais la détente est variable à la main seulement, à l'aide d'une vis sans fin; suivant le travail à développer, ou suivant que l'on

FIG. 26.

marche à condensation où à échappement libre, on fait varier à la main.

La commande directe des dynamos se fait par l'intermédiaire des plateaux à accouplement élastique *système Raffard*, où à l'aide d'une courroie si la dynamo ne doit pas tourner à la même vitesse que la machine.

MACHINE COMPOUND DE MM. CHALIGNY ET Cie.

Figure 27.

MM. Chaligny et Cie exposaient, comme moteur, dans la classe 52, une machine Compound de 55 chevaux, à condensation, de leur série habituelle.

Diamètres des cylindres. . . . . 280 et 485
Course. . . . . . . 500.   Tours . . .   90

Ces machines sont étudiées pour servir à volonté comme machines fixes ou comme mi-fixes sur chaudières. Dans le premier cas, le bâti repose comme l'indique la figure 27, sur deux socles en fonte. Les tuyaux d'arrivée de vapeur et d'échappement passent sous le socle qui supporte les cylindres. Nous avons donné ailleurs (1) la construction détaillée d'une machine de ce modèle, montée sur chaudière, nous ne la reproduirons donc pas ici.

Le tableau suivant donne la puissance, la consommation de vapeur par cheval heure, garantie, pour une pression de 6 kilog. dans la chaudière, les poids et prix actuels de ces machines.

Compound fixes de MM. Chaligny et Cie.

PUISSANCE				Nomb. de tours.	Diam. du volant.	A CONDENSATION.			SANS CONDENSATION.		
A CONDENSATION		SANS CONDENSAT.				vapeur ch. H.	poids en tonnes.	Prix 1.000 fr.	vapeur ch. H.	poids en tonnes.	Prix 1.000 fr.
nom.	utile.	nom.	utile.								
20	28	18	26	110	1.75	11.5	5.1	10	14	4.1	7.8
26	38	24	34	105	1.80	11	6	11.3	13.7	5	9
32	46	28	40	100	2.00	10 5	7	12.8	13.3	5.8	10.2
44	62	40	55	95	2.25	10	8.2	14.6	12.5	7	12
55	80	50	72	90	2.50	9	11	17.8	11 5	9 5	15
70	100	65	90	85	2.75	8.7	12.7	21	11	11.2	18
700	150	90	130	80	3.50	8	15.5	25.5	10.2	13 3	22.5

Dans la machine fixe exposée, la distribution au petit cylindre a lieu par un simple tiroir et la détente, variable à la main, s'obtient en faisant varier la course du tiroir. A cet effet l'excentrique conduit une coulisse articulée à son extrémité inférieure et la bielle du tiroir porte le coulisseau que l'on déplace à l'aide d'une vis liée à la coulisse. Suivant la position du coulisseau la

---

(1) Supplément aux *Machines à vapeur actuelles.*

course du tiroir est donc plus ou moins grande et par suite aussi la détente.

Le régulateur agit sur une petite soupape équilibrée.

La pompe à air est placée à l'arrière du cylindre sur le prolongement de la tige du gros piston.

FIG. 27.

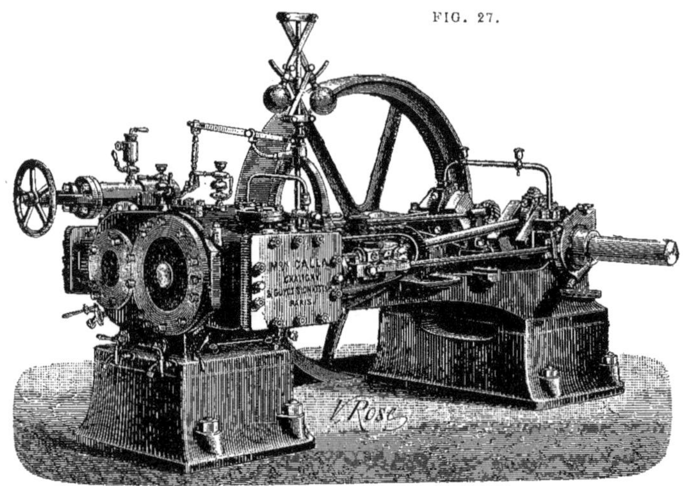

COMPOUND PILON DE MM. BUFFAUD ET ROBATEL.

Figure 28.

MM. Buffaud et Robatel exposaient, outre les nombreux appareils servant aux industries lyonnaises et dont ils se sont fait une spécialité, les divers types de leurs moteurs : notamment une machine horizontale d'un beau modèle que nous avons décrite et dessinée dans notre premier ouvrage (1), et leurs machines Pilon, Compound, nouveau modèle.

L'une de ces machines de 100 à 150 chevaux était établie comme machine motrice dans la section de la filature.

Les deux cylindres sont supportés par un bâti très compact en forme de colonne, ouvert sur quatre faces, mais surtout au droit de l'arbre, afin de laisser un accès facile pour le montage et la visite des têtes de bielles.

(1) *Les Machines à vapeur actuelles.*

8

La détente au petit cylindre est du système Rider contrôlée par le régulateur comme dans leur machine horizontale.

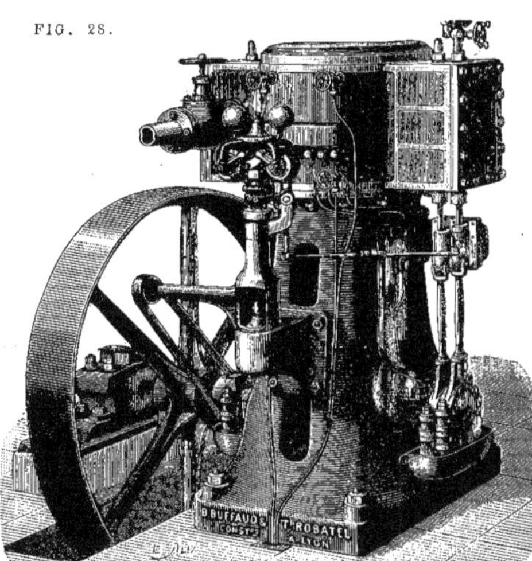

FIG. 28.

Le régulateur est du système Buss que la maison emploie pour toutes les machines. Il est supporté par une console boulonnée à l'avant du bâti-colonne et est commandé par une courroie.

MM. Buffaud et Robatel construisent couramment quatre numéros de ces machines, dont le tableau ci-après donne les dimensions principales et prix actuels.

Compounds Pilon de MM. Buffaud et Robatel.

Force en chevaux.	Diamètre des cylindres.	Course.	Tours.	PRIX	
				Sans cond.	Avec cond.
10—20	130—230	200	250—300	5.000 fr.	6.000 fr.
25—45	175—300	250	200—250	9.000	10.000
50—80	230—400	300	180—230	13.000	15.000
100—150	300—520	350	150—200	18.000	21.000

La puissance maximum de ces machines est obtenue avec la vitesse maximum et une pression de 8 k.

Ces machines occupant peu de place et marchant avec une grande régularité, conviennent très bien pour l'éclairage électrique.

MACHINES DE M. DAMEY

M. Damey, constructeur à Dôle (Jura), exposait une machine mi-fixe et une machine fixe Woolf-tandem. La figure 29 fait voir les dispositions d'ensemble de la machine mi-fixe ou locomobile à condensation.

L'appareil de condensation (fig. 32) est placé en avant de la cheminée, supporté par deux consoles en fer, et la pompe à air, double, est commandée par un petit arbre à deux manivelles conduit par une poulie et une courroie. Cet appareil n'est vu qu'en partie sur la figure 29. Cette disposition de l'ap-

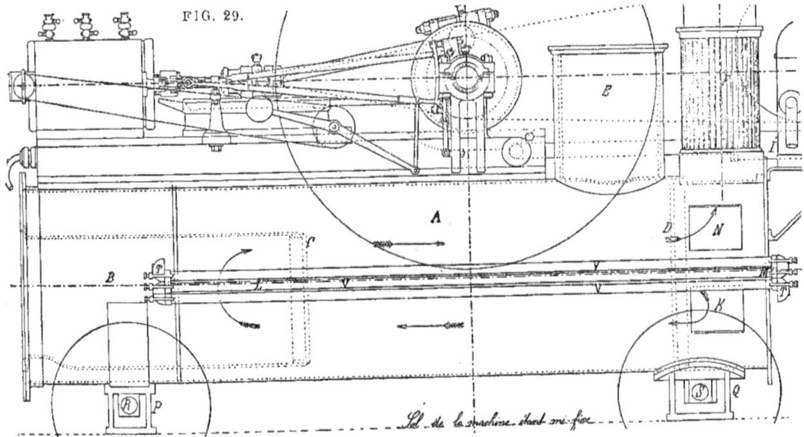

pareil de condensation en rend l'accès peu facile, et sa commande par une courroie n'est pas sans inconvénients.

La distribution s'effectue au moyen d'un tiroir double agissant aux extrémités du cylindre, pour réduire les espaces nuisibles, et surmonté par le tiroir de détente. Ces deux tiroirs sont conduits par un même excentrique.

Ce dispositif de commande des tiroirs, adopté par M. Damey pour toutes ses machines, est détaillé figure 30. Le collier de l'excentrique porte une coulisse et il est suspendu en son milieu à une bielle S articulée à son extrémité inférieure en un point du bâti. La bielle T D conduit le tiroir principal tandis que la bielle T conduit le tiroir de détente, cette bielle T porte un coulisseau qui peut se déplacer dans la coulisse, il en résulte pour le tiroir de détente une course variable qui fait varier la durée de l'introduction.

Si on attache la bielle T D à la partie inférieure du collier on obtient une marche en sens inverse de la première, mais la même coulisse sert toujours à faire varier la détente, le déplacement du coulisseau se fera seulement dans l'autre moitié de la coulisse.

La figure 30 donne aussi l'épure des positions de la coulisse et des courbes décrites par les articulations des bielles, pour la marche en avant ou en arrière.

Pour la machine Woolf en tandem, le même collier-coulisse conduit, outre la distribution du petit cylindre, le tiroir du grand cylindre. Il a suffi d'attacher la bielle qui, par un levier intermédiaire, conduit ce tiroir, un peu au-dessus de la bielle T D.

La figure 31 est une variante du collier-coulisse qui permet d'obtenir le

FIG. 30.

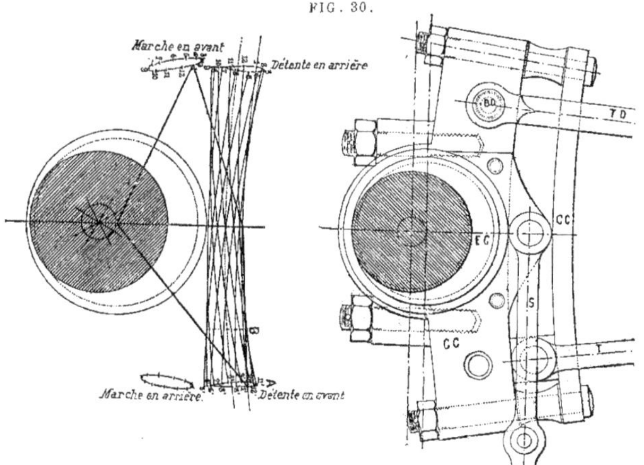

changement de marche, dans une machine de bateau par exemple. Le collier porte deux coulisses : dans l'une joue le coulisseau de la bielle du tiroir principal et dans l'autre celui du tiroir de détente. Des leviers articulés en D et en E permettent d'opérer promptement le déplacement simultané des bielles et de leurs coulisseaux d'une extrémité à l'autre des coulisses, et par suite de produire le changement de marche de la machine.

La chaudière de la machine mi-fixe présente une disposition particulière indiquée figure 29 et dans la figure 32. Les gaz de la combustion produits dans le foyer intérieur B, parcourent d'abord les tubes fixés aux plaques tubulaires C et D. Ils arrivent dans la boîte à fumée au-dessous d'une cloison Y Y qui les empêche d'atteindre la cheminée. Ces gaz passent à droite et à gauche, par les orifices K dans des carneaux, circulent à l'extérieur de la chaudière dans le sens indiqué par les flèches et reviennent déboucher par deux orifices N au-dessus de la cloison Y Y d'où ils passent à la cheminée.

Les quatre carneaux N et K sont tapissés à l'extérieur par une série de tubes formant deux serpentins (un de chaque côté de la chaudière) dans les-

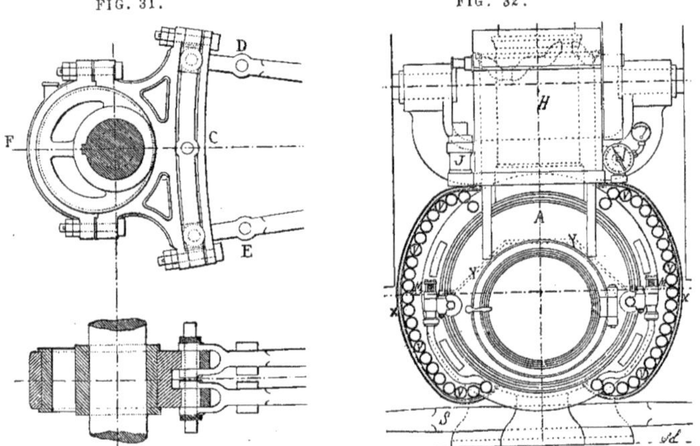

quels l'eau refoulée par la pompe alimentaire à leur partie supérieure se réchauffe, puis entre dans la chaudière par les boîtes à clapets de retenue M M, situées un peu au-dessous de l'axe.

Le constructeur prétend obtenir par cette disposition une vaporisation qui est le double de celle obtenue par les bonnes chaudières connues. Nous lui laisserons le soin d'établir de pareils résultats et nous nous dispenserons de toute critique, tant de ces résultats que du mode de construction.

COMPOUND PILON DE LA Cⁱᵉ DE FIVES-LILLE

ACTIVANT UNE POMPE CENTRIFUGE

Planches XIV et XV.

Cette machine d'épuisement a été étudiée spécialement pour satisfaire aux conditions de l'épuisement des formes de radoub de Dunkerque.

L'installation de Dunkerque a fait l'objet d'un concours.

La Cⁱᵉ de Fives-Lille qui avait déjà exécuté des travaux très importants pour les ports de Saint-Malo, Cherbourg, Marseille, Calais, etc., a été également chargée de l'exécution du matériel de Dunkerque.

La puissance des machines et les dimensions des pompes ont été déterminées par cette condition fixée par le Devis-Programme :

« Les machines et pompes des quatre grands puisards, concentrant leur travail sur l'épuisement de la plus grande des formes, seront capables de l'assécher en 3 h. 1/2,.... la forme ne contenant pas de bateau. »

Le volume d'eau correspondant à cet épuisement, en y comprenant 575 m³ pour les infiltrations, s'élève à 449.62 m³.

Les différences de niveau sont à peu près :

Au début 2ᵐ,73,
Vers la fin. 7ᵐ,63.

Les pompes peuvent débiter dans ces conditions :

Au début.. 6.000 litres, soit par pompe, 1500 litres par seconde
vers la fin. 2.630   »   »   »   660 »   »

Cette condition est remplie avec une introduction de vapeur d'environ 0,37 au petit cylindre pendant toute la durée de l'opération, l'allure des machines variant de 102 tours au début à 120 tours vers la fin.

La construction de la machine se lit assez facilement sur les planches :

La distribution au petit cylindre est du système Meyer, à détente variable à la main, le grand cylindre est muni d'un tiroir Trick. La condensation par mélange a lieu par l'eau prise à la partie inférieure des pompes; cette eau étant en charge sur le condenseur, celui-ci a été pourvu d'une soupape flottante pour éviter l'immersion du grand cylindre.

La pompe et le bâti de la machine sont fixés sur un socle en fonte commun. L'arbre moteur est relié à celui de la pompe par un embrayage à tocs.

Les turbines des pompes ont 2ᵐ400 de diamètre et 1ᵐ200 à l'œillard ; elles sont munies, autour de l'œillard, des garnitures étanches auto-motrices, système Barret, dont le but est d'assurer un rendement à peu près constant.

CHAPITRE II

MACHINES A GRANDE VITESSE AVEC TIROIR A COURSE VARIABLE

MACHINES A DÉTENTE ASSERVIE
TYPE FARCOT

M. J. Farcot estime que la plupart des machines Pilon que l'on construit ne donnent qu'une régularité très imparfaite, en même temps qu'elles sont peu économiques. Ces machines présentent en effet l'un ou l'autre des deux défauts suivants : — ou bien, voulant agir sur la détente sans l'aide de déclics Corliss ou de cames Farcot interdits ici par la grande vitesse, elles comportent, le plus souvent sur l'arbre même du moteur, un régulateur d'une puissance exagérée, chargé de déplacer un moyeu d'excentrique ou une coulisse; et cet ensemble engendre, par ses grands poids et ses grands rayons de frottement, de telles résistances passives, que la régularité parfois obtenue reste toujours à la merci de la moindre diminution de graissage; — ou bien elles se réduisent à ne gouverner que par un papillon étranglant la vapeur (solution dont l'infériorité économique a été démontrée définitivement par l'expérience depuis le succès éclatant des machines agissant par variation de détente, Farcot d'abord, puis plus tard Corliss et ses analogues).

En s'aidant du servo-moteur Farcot, toutes ces difficultés disparaissent; la coulisse de détente ou de changement de marche, dont la résistance en faisait un mauvais organe de régulation, devient au contraire obéissante au moindre mouvement d'un régulateur petit et pourtant sensible aux plus légères variations de vitesse, tout comme dans une machine à déclic.

Dans les trois machines de ce type exposées par la maison Farcot, la distribution adoptée est du genre de celle de *Solms* reconnue aujourd'hui par les diverses marines comme la plus satisfaisante pour cette famille de moteurs, et *c'est la première fois, croyons-nous, qu'on en fait un organe efficace de régulation de la vitesse par la détente variable, en la commandant par un régulateur* aidé d'un servo-moteur.

C'est donc là une première particularité, très importante selon nous, du nouveau moteur rapide.

Ce servo-moteur lui-même fonctionne ici dans des conditions nouvelles en ce sens que, au lieu d'être animé par la vapeur même, au lieu de comporter par conséquent les frétillements inévitables d'un fluide élastique et d'exiger l'adjonction d'un cylindre à huile pour les amortir, il réunit en un seul cylindre les avantages de la vapeur et ceux du liquide incompressible. Il réalise ce résultat en demandant sa force motrice non à la vapeur même, mais à une eau mise par elle en pression, comme par exemple l'eau de la chaudière ou l'eau des purges de la conduite ou de la boîte de tiroir. C'est ainsi que s'obtient très simplement le fonctionnement, aussi calme que rapide, des coulisses de ces machines. Nous allons examiner et décrire en détail la machine à triple expansion, non réversible.

Machine Pilon à triple expansion.

Planche XVI.

Cette machine est de 150 à 200 chevaux à 200 tours, elle a été étudiée spécialement en vue de la commande des machines électriques.

Le petit cylindre est pourvu d'une distribution du genre de celle de *Solms* réalisée avec le minimum d'organes, dans laquelle la course variable du tiroir est obtenue comme l'on sait en attelant la bielle a, qui le commande, vers le milieu d'une barre d'excentrique b dont l'extrémité libre se meut dans une coulisse c à inclinaison variable.

Dans la détermination des rapports des cylindres, le constructeur s'est attaché à concilier les différentes conditions suivantes :

Echappement du grand cylindre à une tension aussi basse que possible;

Egalité des chutes de température dans chaque cylindre ;

Egalité des efforts sur les trois pistons;

Grandes introductions pour réduire la course des excentriques.

Les différentes inclinaisons de la coulisse du petit tiroir, qui constituent les variations de la régulation, sont obtenues à l'aide du servo-moteur, composé d'un cylindre d logé à droite du bâti, dans lequel se meut un piston e; l'agent moteur est de l'eau sous pression, cette eau est distribuée par un tiroir à coquille équilibré f pour réduire l'effort à faire.

Les tiges des tiroirs et piston g, h, de ce servo-moteur sont reliées aux extrémités d'une barre m t dite à trois centres qui constitue l'organe asservissant proprement dit du servo-moteur. Suivant les principes de l'asservissement créés de toute pièce par M. Joseph Farcot, en 1868, l'un des trois centres k de cette barre est actionné par le régulateur, l'autre l est entraîné dans le mouvement du piston du servo-moteur et le troisième *m*, subissant les influences constamment contraires de ces deux mouvements, actionne directement le tiroir *f* du servo-moteur.

Lorsque par exemple, le régulateur ou sa tige *s*, vient à descendre, le levier *u n* appuie vers l'avant sur la barre à trois centres, ramène le tiroir à l'avant; l'admission ayant lieu sur l'arrière du piston *e* celui-ci est ramené en avant; dans sa marche il renvoie le tiroir en arrière et le mouvement se continue ainsi jusqu'à ce que l'équilibre soit établi et que le régulateur atteigne sa position d'équilibre pour la vitesse normale et la puissance voulue.

Le régulateur est à bras croisés, mais les boules sont remplacées par des galets 0 en acier, sur lesquels repose le contre-poids *p* en forme de cloche.

Il est mis en mouvement par deux roues hélicoïdales, dont l'une placée sur l'arbre de la machine est en acier, celle *q* placée sur le régulateur est en bronze phosphoreux et la partie inférieure de son moyeu forme le pivot du régulateur. Une boîte en fonte renfermant ces engrenages leur assure un bon graissage et évite les projections d'huile ou de graisse. Un presse-étoupe placé sous le pivot, empêche les écoulements de l'huile de la boîte.

A la partie inférieure du régulateur la tige *s* traversant une crapaudine annulaire *t* vient commander un levier à sonnette *u* dont l'autre branche *n* agit sur la barre à trois centres du servo-moteur.

Une tige *v* partant de la branche verticale du levier *n* porte vers son extrémité une douille sur laquelle vient appuyer l'extrémité d'une vis *x* dont l'écrou est fixé sur l'un des supports de la coulisse. La vis porte un volant à main sur lequel sont gravées les indications *marche, stop*, avec des flèches de direction. Cet ensemble constitue la mise en train.

Veut-on arrêter la machine, on tourne dans la direction *stop* c'est-à-dire qu'on remonte le régulateur en haut de sa course en même temps que la coulisse arrive à la position horizontale ou d'arrêt. Pour la mise en marche il suffit de tourner en sens inverse, le régulateur descend et la coulisse prend une inclinaison suffisante pour le départ.

Un robinet de mise en marche est disposé sur les cylindres pour établir une communication des deux réservoirs avec la boîte à tiroir à haute pression et permettre le départ dans toutes les positions.

Dans cette machine, comme dans ses machines horizontales à 4 tiroirs, M. Farcot a prévenu l'emballement de la machine par suite de la chute accidentelle du régulateur. A cet effet le tiroir du servo-moteur a été disposé de façon à réaliser automatiquement le changement de sens des courants et par suite de ramener au *stop* la distribution.

La distribution permet de varier les introductions de 0 à 65 %.

Les tiroirs des moyen et grand cylindres sont commandés directement

9

par excentrique, l'introduction étant constante. Le petit cylindre est placé entre les deux grands et son tiroir est excentré de façon à être accessible et commandé directement par la bielle verticale articulée à la b arre d'excentrique.

Les cylindres sont coulés d'une seule pièce avec leurs boîtes à tiroir et les réservoirs intermédiaires. En vue de la simplicité, les constructeurs n'ont pas pourvu les cylindres d'une chemise de vapeur; une enveloppe en tôle garnie intérieurement de calorifuge recouvre entièrement les cylindres.

Ces cylindres reposent à l'arrière sur le bâti auquel ils sont reliés par de forts goujons et à l'avant sur deux colonnes en acier.

Le bâti, coulé d'une seule pièce, forme cuvette en regard de chaque cylindre pour le passage de manivelles et porte à l'arrière trois jambes placées dans l'axe des cylindres et destinées à recevoir les glissières.

Les tiroirs sont, par un nouveau mode d'équilibrage, à l'abri, tant des pressions de la vapeur que des efforts d'inertie. L'équilibrage contre les pressions de vapeur est obtenu par l'établissement, en face de la glace du cylindre, d'une contre-glace réglable, munie, rigoureusement en regard des lumières de la glace, de contre-lumières identiques dans lesquelles règne constamment la même pression que dans les lumières des glaces principales.

Pour anéantir les effets de l'inertie, on a disposé, aux extrémités supérieurs des tiges des tiroirs, des couples de ressorts agissant alternativement et contrairement à ces efforts.

L'admission de la vapeur se fait par les arêtes intérieures des tiroirs, ce qui a l'avantage de ne faire supporter aux couvercles des boîtes à vapeur que les pressions d'échappement seulement. De plus, les gaz d'échappement trouvent, à la sortie des lumières, des voies plus larges que dans le cas de l'échappement par le creux de la coquille. Chaque cylindre est garanti contre les coups d'eau, par deux soupapes de sûreté.

Les robinets, permettant de purger les réservoirs, les boîtes à tiroirs, sont manœuvrés par une même manette, et sont pourvus de plaques indicatrices.

Toutes les pièces en mouvement ont été allégées l e plus possible, tout en restant dans une bonne limite pour les conditions de travail de la matière. Les pistons sont construits en acier forgé avec le maxi mum de légèreté sous forme d'une toile portant la couronne qui contient l'anneau segment et surmontée d'un moyeu fileté qui se visse sur la tige du piston. Un contre-écrou, à pas contraire et à large surface d'appui, prévient tout desserrage, tout en empêchant le matage et facilitant le démontage.

La tige de piston se termine par un chapeau boulonné à la crosse de piston en acier forgé. Les glissières et les contre-glissières sont rapportées en fonte très dure. Leur graissage est assuré par des godets placés à la partie inférieure et dans lesquels vient tremper une lame de clinquant fixée au coulisseau.

Le graissage de toutes les pièces a lieu par des graisseurs à pression automatique disposés de façon à éviter les effets d'inertie.

Toutes les eaux, graisses, huiles sont recueillies et conduites au dehors, de façon à éviter les dégradations des fondations.

On remarquera que, dans cette machine, toutes les pièces travaillées, notamment les bielles, crosses, excentriques, barres de commande des tiroirs, ont été étudiées en vue d'une fabrication essentiellement mécanique.

La machine Compound de 80 à 110 chevaux n'est qu'une réduction de la machine à triple expansion non réversible, avec cette différence qu'elle a une pompe à air commandée par un plateau-manivelle calé à l'extrémité de l'arbre.

Cette pompe à air est à plongeur et à simple effet, et d'un excellent fonctionnement malgré la grande vitesse (300 tours à la minute). Le piston est terminé par une pointe allongée : l'eau peut ainsi le suivre dans son mouvement en évitant les chocs. Les clapets métalliques ont une faible levée, tout en laissant de grandes sections de passage à l'eau. Ils sont formés d'une lame flexible en métal spécial qui, s'appliquant sur son siège par sa propre élasticité et la charge d'eau, assure une grande étanchéité, tout en réduisant au minimum les effets de l'inertie.

Outre ces deux machines, M. J. Farcot exposait également une machine marine à triple détente, du même type, très remarquable, mais dont la description sans dessin ne servirait à rien ; les machines de bateaux forment, du reste, une catégorie à part dont nous ne nous sommes pas occupé jusqu'ici.

MACHINE DE LA Cie STRAIGHT LINE

SYSTÈME SWEETT

Planche XVII et figure 33.

Cette machine dont M. Steinlen de Mulhouse a acquis le privilège de la construction pour l'Europe entière, est un nouveau modèle de la machine Sweett déjà connue, mais avec plusieurs perfectionnements de détails.

Ces machines se distinguent des types usuels en ce que les plateaux-manivelle sont suffisamment agrandis pour former volant.

Les paliers de l'arbre sont fondus avec le bâti en forme de V et le cylindre ; cet ensemble repose sur trois socles boulonnés sur une même plaque. L'arbre se prolonge plus ou moins d'un côté ou de l'autre des paliers pour recevoir la poulie motrice. A l'Exposition, cette poulie était en fer, préférable ici à une poulie en fonte pour sa légèreté.

La manivelle est formée par les plateaux volants dans lesquels sont emmanchés, à la presse, les arbres et le bouton de la bielle. Cette construction, très rationnelle, nous l'avons déjà vue dans plusieurs machines.

Entre les plateaux volants et les coussinets, on place deux rondelles en bronze pour remplir exactement le jeu et éviter tout déplacement suivant l'axe. La tête de bielle seule a un petit jeu latéral entre les plateaux.

On remarquera que les portées du bouton et de l'arbre sont affranchies, par un coup de grain d'orge, à la longueur exacte des coussinets. Ces coussinets sont garnis en métal antifriction. Un petit chapeau, extérieur aux paliers de l'arbre, ramène l'huile, qui peut en sortir, dans une cavité du corps du palier; l'extérieur est ainsi toujours propre. Enfin, pour éviter les projections d'huile par la tête de bielle, on l'a enveloppée d'un anneau fendu du côté ou

FIG. 33.

sort la bielle et fixé au socle. Le cylindre fondu avec le bâti, forme une boîte à vapeur de chaque côté, ce qui lui donne extérieurement une forme carrée.

La distribution se fait au moyen de deux tiroirs plans, l'un pour l'admission à course variable, l'autre pour l'échappement, à course constante; de cette façon, ce dernier tiroir donne toujours même avance à l'échappement et même compression, quelle que soit la durée de l'admission.

Ces deux tiroirs sont à double glace, l'une contre le cylindre, l'autre contre un plateau; ces plateaux, ajustés par leurs extrémités dans les bords des boîtes, sont appliqués sur les tiroirs au moyen de ressorts. Ces plateaux portent à chaque extrémité (fig. 4) un évidement a de mêmes dimensions et correspondant à l'orifice du cylindre; de son côté, chaque tiroir est muni près de ses extrémités d'une fente b (fig. 3-4); (les autres fentes indiquées sont sans utilité); de cette façon au moment où le tiroir ouvre la communication de la boîte au cylindre, il ouvre un double orifice, comme une soupape à double siège.

La course du tiroir d'admission, qui détermine la durée de l'introduction de vapeur et par suite la détente, varie avec la position de l'excentrique mobile sous l'action du régulateur. Dans les figures 1 et 2, on voit que cet excentrique, dont le centre est actuellement en a, est porté par un plateau m n appliqué contre le moyeu du volant et pouvant tourner autour de l'axe n.

Le régulateur est formé par une seule masse p, reliée, par une mince lame d'acier, à un ressort à lames droites superposées. Ce ressort tend à maintenir l'excentrique dans la position a; son rayon est alors o a et il donne l'introduction maximum. Si maintenant la vitesse de la machine augmentant la masse p, sous l'action de la force centrifuge, passe en p', la bielle q m se déplacera aussi et le centre a de l'excentrique, tournant autour de n, viendra en b; la demi course du tiroir est alors o b, elle correspond à l'introduction minimum, ou à la plus grande détente. La manivelle étant en o M, presque perpendiculaire à a b, on voit que le changement de l'angle de calage de l'excentrique diminue peu l'avance à l'admission. Si on fait o b égal au recouvrement extérieur du tiroir l'introduction sera nulle. La douille m qui reçoit la bielle double q m, est rapportée sur le plateau de l'excentrique (fig. 7) et elle porte un talon qui s'accroche à une saillie du moyeu du volant de façon à empêcher tout éloignement du plateau par rapport à ce moyeu.

On remarquera aussi le mode de liaison de la bielle au collier de l'excentrique, le coulisseau carré ajusté dans le bâti, grâce à une ouverture inférieure, et son axe formé de deux douilles creuses (fig. 1).

La tige du tiroir n'a pas de presse-étoupes et l'étanchéité est obtenue par une construction toute spéciale : une longue douille b (fig. 1) est fixée dans le trou du bâti à l'entrée de la boîte à vapeur; cette douille reçoit à l'intérieur une autre douille a plus longue, maintenue par une embase conique et un chapeau vissé sur la douille b. La tige du tiroir est ajustée à frottement doux dans la longue douille a qui ne porte à l'intérieur qu'une légère rainure en spirale. Cette construction est suffisamment étanche mais à condition d'être parfaitement exécutée; elle présente sur le presse-étoupes l'énorme avantage de ne pas occasionner sur la tige un frottement nuisible, surtout quand un mécanicien mal habile serre les étoupes outre mesure. Enfin, une ouverture latérale ménagée dans le bâti et habituellement fermée, donne accès pour monter ou démonter ces douilles a et b.

La construction de la bielle en fonte est indiquée fig. 1 et fig. 5 ; la grosse tête est garnie de métal antifriction, la petite tête est fendue et serrée à bloc sur son axe creux, cet axe tourne dans les coussinets garnis de métal blanc, lesquels font partie du coulisseau, également tout en fonte. Un seul boulon permet de serrer les deux moitiés du coussinet d'arrière. La tige du piston est vissée dans une douille à chapeau serré par deux vis. La construction du piston se voit également bien sur les figures 1 et 6, il est en deux pièces réunies par quatre prisonniers.

Enfin, nous devons, pour terminer ce qui a rapport à la construction de cette machine, faire remarquer la construction de la douille qui remplace, pour la tige du piston, le presse-étoupes ordinaire. Cette douille longue, détaillée fig. 8, est en métal antifriction, soigneusement ajustée à frottement doux sur la tige qui, comme on le conçoit, doit être parfaitement cylindrique; elle porte en son milieu une saillie A à faces sphériques; de chaque côté de cette saillie s'applique une rondelle en laiton $a\,a$; le tout est maintenu dans la boîte D au moyen de la bague B et du chapeau C vissé sur la douille D. La boîte D et la bague B laissent un jeu sensible autour de la douille A. Enfin, les faces des rondelles a et les pièces A, B, D, sont soigneusement rodées ensemble. On voit que cette construction permet le centrage en tous sens de la tige et ainsi supprime tout frottement autour de cette tige et nous avons pu observer pendant toute la durée de l'Exposition que l'étanchéité était parfaite.

Les dimensions principales de cette machine sont :

Diamètre du piston, 350 mm. Course, 410 mm.
À la vitesse de 220 tours elle développe 100 chevaux.
Le diamètre des volants = 1^m,550, leur poids = 2500 k.
Le poids total de la machine est d'environ 6.000 k.

Le graissage de toutes les parties de la machine est bien assuré. La vapeur est graissée, à son arrivée dans la boîte du tiroir, au moyen d'un graisseur à goutte visible et sous la pression de la vapeur ; les deux encoches $x\,x$, intérieures au bâti fig. 1, reçoivent les supports des graisseurs du tourillon de la petite tête de bielle, le coulisseau porte deux petites pincettes flexibles qui à chaque tour touchent et élèvent la goutte d'huile. La grosse tête est graissée par l'effet de la force centrifuge, l'huile étant versée par un graisseur spécial dans la cavité circulaire ménagée dans l'excentrique fixe du tiroir d'échappement.

Il y aurait peut-être lieu de modifier dans les volants les bras droits qui se prêtent mal au retrait, et ont quelquefois amené la rupture de la jante.

MACHINES A GRANDE ET MOYENNE VITESSE
DE MM. LECOUTEUX ET GARNIER.

Planche XVIII.

La maison H. Lecouteux et Garnier est une de celles qui ont constamment suivi, de plus près, les divers perfectionnements et transformations que la machine à vapeur a subies depuis une vingtaine d'années.

Aussi cette maison nous présente, à l'Exposition actuelle, cinq genres de machines, se rapportant à trois types de distribution, qui lui permettent de satisfaire à tous les besoins de l'industrie en général et à tous les programmes et conditions qui peuvent être exigés pour l'établissement des stations centrales d'électricité. Son exposition se compose comme suit :

A. Dans le Palais des Machines : 1° la machine motivée de la classe 52 à un cylindre, du type Corliss 1868 perfectionné; 2' diverses machines type Pilon à grande vitesse avec régulateur dans le volant et tiroir cylindrique équilibré.

B. Dans la station centrale d'électricité du Jardin d'isolement : une machine Compound de 500 chevaux à distribution Corliss perfectionnée.

C. Dans la station centrale d'électricité sur la berge du quai d'Orsay : 1° un groupe de deux machines horizontales à grande vitesse et même distribution que les machines Pilon ; 2° un groupe de deux machines horizontales à quatre distributeurs et à moyenne vitesse avec même régulateur que les précédentes.

Nous décrirons au chapitre IV : *Machines à déclic*, les machines Corliss perfectionnées; nous ne nous occupons donc ici que des machines à grande et moyenne vitesse à tiroirs sans déclic.

Machines verticales pilon à grande vitesse.

Ces machines sont exposées dans le Palais des Machines. Nous avons déjà dans notre précédent ouvrage : *Supplément aux machines à vapeur actuelles*, donné un dessin complet et une étude de ce type de machine; nous nous bornons à rapporter (fig. 34) la coupe de la machine petit modèle, avec les détails du régulateur, afin de mieux faire voir en quoi consiste la modification de détail apportée depuis à ce régulateur, modification qui est dessinée sur la fig. 11 planche XVIII et dont nous parlerons bientôt.

Les machines de 10 chevaux ayant 120 m/m de course font 600 tours par minute, celles de 150 chevaux ayant 330 m/m de course peuvent fonctionner jusqu'à 300 tours par minute. La vitesse du piston est, dans ces deux cas extrêmes :

$$\frac{0,12 \times 100}{30} = 2^m,400 \qquad \text{et} \qquad \frac{0,33 \times 300}{30} = 3^m,300$$

On voit que cette vitesse de piston n'atteint pas celle de 4 mètres qui a été quelquefois adoptée par des machines puissantes.

FIG. 34.

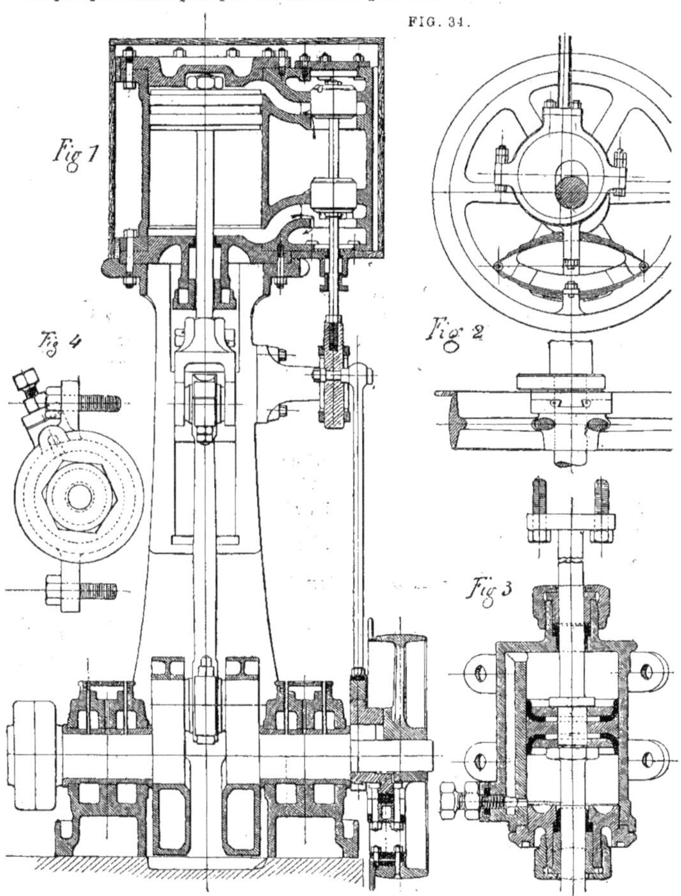

La machine pilon de 150 chevaux exposée est munie d'un condenseur avec pompe à air. Cette pompe est conduite par une bielle articulée à un œil ménagé au chapeaude la grosse tête de bielle.

Cette pompe à air, dont l'axe est ainsi perpendiculaire à la direction de l'arbre, est formée de deux pistons plongeurs opposés et la tige qui les réunit traverse une cloison centrale avec presse-étoupes. Les clapets de cette pompe sont construits comme ceux de la pompe à air des machines Corliss que nous verrons figure 8, planche XVIII.

La construction de l'arbre-manivelle, du tiroir et du régulateur, sont les trois points particuliers de ces machines.

Arbre. — Cet arbre-manivelle est fait en 5 parties. Les deux coudes sont formés de deux plateaux à contrepoids en acier coulé rapportés, à chaud ou à la presse, à l'extrémité des deux portions de l'arbre travaillant dans les paliers, le tourillon qui sert de trait d'union est lui-même rapporté à chaud dans les deux plateaux après avoir été rodé. Le travail d'assemblage de toutes ces parties doit être fait avec le plus grand soin et au moyen de montages spéciaux qui en assurent la précision. Les avantages de ce mode de construction sont assez sérieux : Il permet en effet de tremper et rectifier sans danger les fusées de l'arbre et le manneton, c'est-à-dire les parties soumises aux plus grands efforts, et susceptibles d'usure, et aussi d'équilibrer rigoureusement le poids des pièces, au moyen des évidements réservés dans les plateaux-manivelle, dans lesquels on coule du plomb. On sait en effet, comme nous l'avons dit dans la Préface, que l'une des conditions les plus importantes à réaliser, dans les machines à grande vitesse, c'est l'équilibre, aussi parfait que possible, des pièces en mouvement. Il n'y a pas d'autre cause quelquefois aux défauts de fixité et de régularité que les lampes à incandescence accusent dans certaines machines, et aux usures rapides des surfaces frottantes.

L'arbre moteur, une fois assemblé, est reporté sur la machine à rectifier qui finit les fusées comme s'il était d'une seule pièce. Ces fusées reposent sur des coussinets garnis de métal blanc, comme le manneton dans le coussinet de la bielle, de sorte que toutes les surfaces en contact qui travaillent et fatiguent le plus, étant convenablement lubréfiées, composées d'une part d'acier trempé et rectifié et d'autre part de métal blanc, n'offrent que peu de résistance au frottement. Par suite les craintes d'échauffements disparaissent et l'usure est réduite au minimum.

Tiroir. — Le tiroir est composé de deux parties cylindriques distinctes, réunies par une tige en acier et enveloppées par un segment en fonte élastique garantissant l'étanchéité. La boîte du tiroir, préalablement alésée, est rodée de manière à assurer un contact parfait entre la surface et les segments, qui eux-mêmes sont ajustés comme les cercles d'un piston à vapeur ordinaire.

Travaillant verticalement à une grande vitesse, ce tiroir a besoin d'être parfaitement équilibré pour que l'excentrique qui le conduit n'ait à vaincre que le faible effort de frottement des segments. Il a suffi, pour atteindre ce but, de construire le piston supérieur du tiroir un peu plus grand de diamètre, de façon à réaliser, entre les deux pistons, une surface différentielle soumise à l'action directe de la vapeur et suffisant, pour faire équilibre au poids total des pièces qui composent ce tiroir.

Le joint de chaque segment est gardé par une barrette en fonte.

Régulateur. — L'appareil de distribution, de détente et de régulation forme un ensemble que nous représentons figure 11 de la planche XVIII.

Ce régulateur est renfermé dans une poulie qui sert de poulie-volant à la machine et de support à l'excentrique de distribution. Il se compose d'un contrepoids P soumis à l'action de la force centrifuge, d'un ressort antagoniste R à pincette et d'un frein modérateur à graisse M. L'excentrique est guidé dans son mouvement rectiligne par deux tiges cylindriques parallèles *a b* au lieu de la rainure à queue d'aronde, pratiquée dans le moyeu, indiquée figure 34 et il est alternativement dirigé dans un sens ou dans l'autre soit par le contrepoids soit par le ressort.

Pendant la marche, en vertu de la force centrifuge, le contrepoids P tend à s'écarter du centre en entraînant l'excentrique, dont il diminue la course, et et en comprimant le ressort; par contre, le ressort dont la tension initiale est de plus en plus élevée, a pour effet de tendre à ramener l'excentrique vers le centre et d'en augmenter la course. On conçoit donc facilement l'action de ces deux forces opposées agissant directement sur le tiroir et par suite sur les diverses périodes de la distribution.

Par le déplacement, en ligne droite, de l'excentrique, son centre se rapprochant de l'axe, la course du tiroir diminue ainsi que l'angle de calage et inversement.

La manivelle étant perpendiculaire à cette ligne décrite par le centre de l'excentrique, il en résulte que l'avance à l'introduction est constante, mais la course du tiroir changeant, la durée de l'admission ou la détente change aussi. A la plus faible vitesse les orifices s'ouvrent entièrement, puis, à mesure que la vitesse s'accélère, l'introduction diminue jusqu'à ce qu'il passe juste assez de vapeur pour maintenir à la machine sa vitesse de régime.

On conçoit que dans ce dispositif il y a intérêt à réduire la course de l'excentique pour augmenter la sensibilité du régulateur.

Ce régulateur est très énergique puisque son effet ne dépend que de la valeur du contrepoids et des dimensions du ressort; de plus son action est instantanée. Mais c'est justement cette grande puissance et cette instantanéité qui ont été quelquefois une cause de déception et qui auraient fait échouer le système tout entier si les constructeurs n'avaient pas eu recours à l'amortisseur à l'huile des machines Corliss.

En effet, sans l'adjonction de ce véritable frein il était inévitable que de graves irrégularités dans la marche de la machine se produisissent, irrégularités dues à l'état d'équilibre instable entre les deux forces antagonistes.

Dans ce régulateur le frein, dont le principe est connu depuis bien longtemps, est construit d'une manière spéciale, parce que, contrairement à ce qui avait été fait jusqu'ici, il est animé de la même vitesse de rotation que tout l'ensemble.

La résistance artificielle à l'action du régulateur, créée par le corps liquide renfermé dans le cylindre du frein et chassé par le piston, est variable à volonté suivant la nature du travail que la machine doit effectuer. Il suffit pour cela d'augmenter ou de diminuer, à l'aide d'une vis à pointeau, la section d'écoulement d'une face à l'autre du piston.

Cette résistance qui entraîne une certaine paresse de la part du régulateur est nécessaire et même indispensable pour obtenir le degré de régularité qu'on est en droit de demander à une machine. Dans certains cas particuliers cependant, comme nous le verrons plus loin, il faut la combattre, sans songer à la supprimer, par un appareil additionnel.

Machines horizontales à grande et moyenne vitesse.

Deux des machines horizontales à grande vitesse qui sont exposées dans la station centrale d'électricité du quai d'Orsay ne diffèrent pas sensiblement des machines verticales que nous venons de décrire. Elles reposent sur le même principe et sont également à un seul tiroir cylindrique équilibré.

Les exigences des locaux ont amené les constructeurs à créer un type horizontal, avec les avantages et les inconvénients qu'il comporte. Parmi les avantages nous citerons : l'absence d'arbre coudé, la facilité d'accès pour des machines d'une certaine puissance et la simplicité de commande de la pompe à air. Celle-ci en effet est actionnée, comme dans les machines Corliss, directement par le prolongement de la tige du piston à vapeur; elle fonctionne à simple effet et à la même allure que la machine.

Chaque machine est de la force nominale de 150 chevaux. Les deux machines sont jumellées, par l'intermédiaire d'une transmission avec manchon d'embrayage, et peuvent fonctionner ensemble ou séparément suivant les besoins du service. Les paliers de la transmission sont réglables dans tous les sens et les coussinets sont en quatre parties garnies de métal blanc.

Les deux manchons d'embrayage, placés aux extrémités, sont à griffes; des plaques de contact en acier trempé protègent les dents contre l'usure.

Il est facile de débrayer en marche ces manchons, mais pour embrayer il est nécessaire d'animer auparavant les deux arbres sensiblement de la même vitesse. Des manchons semblables fonctionnent aux Magasins du Bon Marché et remplissent parfaitement le but pour lequel ils ont été construits.

Le manchon au centre de la transmission est un manchon d'accouplement, avec plateau mobile intermédiaire à clavette, permettant de faire le service soit avec les deux moteurs réunis, soit avec les machines séparées.

Machines à moyenne vitesse.

Planche XVIII, figures 9 à 11.

Les deux autres machines horizontales de la station, sont d'un type nouveau et que les constructeurs ont étudié spécialement pour l'usine municipale d'électricité installée sous les Halles à Paris. Ces machines sont de la force de 170 chevaux chacune à 180 tours par minute et 7 kilog de pression ; elles sont à quatre tiroirs du genre Corliss.

Les constructeurs ont cherché, dans ce type de machine, à allier les avantages particuliers de leur régulateur à ceux de la machine Corliss, tout en ne dépassant pas une vitesse de rotation de 200 tours par minute et une vitesse de translation du piston de 3 mètres par seconde.

Le régulateur, dont on a augmenté la puissance, agit par l'intermédiaire de la barre d'excentrique sur les deux tiroirs d'admission de vapeur. Les deux tiroirs d'échappement sont commandés par un second excentrique indépendant du premier. Les déclics de la machine Corliss sont supprimés et la course des tiroirs d'admission est réglée par la course variable de l'excentrique.

Au départ de la machine, les tiroirs découvrent en grand les orifices de vapeur, parce qu'à ce moment la course est maximum, puis quand le régime est établi les tiroirs ne laissent passer que la quantité de vapeur strictement nécessaire pour maintenir constante l'allure de la machine. La détente est donc bien toujours variable par le régulateur et la régularité de marche sera d'autant plus grande que le régulateur sera plus sensible.

Régulateur-détenteur.

C'est ici que l'on fait intervenir l'appareil additionnel dont nous avons parlé plus haut et qu'on l'applique dans des cas particuliers comme celui de l'usine municipale et suivant les conditions du programme à remplir.

Bien que cet appareil ne figure pas à l'Exposition, le service de l'usine ne l'exigeant pas, nous croyons bon de la décrire.

Le travail d'une station centrale d'électricité, autre que celle de l'Exposition, étant *essentiellement* variable, il fallait prévoir que les moteurs travaillant normalement et même chargés au minimum pouvaient être instantanément déchargés de tout ou de la plus grande partie de leur travail; ou réciproquement les moteurs marchant à vide pouvaient être brusquement chargés. Ces acoups si rapides, surtout quand il s'agit d'électricité, devaient avoir pour conséquence de provoquer un ralentissement ou un accroissement de vitesse sensible, désagréable, et par dessus tout nuisible à la conservation du matériel électrique, des lampes à incandescence en particulier. Il fallait donc rendre aussi insensibles que possible les variations de vitesse des moteurs tout en permettant l'action du régulateur basée sur ces variations mêmes. Or nous avons vu tout à l'heure que cette action était retardée par l'indispensable frein modérateur, et pour annuler ce retard on a songé à placer un second régulateur n'agissant alors que sur la pression dans la conduite et placé le plus près possible de l'arrivée de vapeur au cylindre.

Ce second régulateur, ou régulateur-détenteur, ressemble aux régulateurs ordinaires à boules et remplit deux fonctions particulières et indépendantes de celle du régulateur principal de détente.

1° Il doit créer une différence de pression constante entre la boîte de vapeur et la conduite d'amenée; 2° il doit empêcher toute variation brusque de vitesse du moteur en donnant le temps au régulateur principal de prendre la position d'équilibre correspondant à la nouvelle charge. La vitesse de rotation de ce régulateur du type Porter est très grande et sa course est très petite.

L'obturateur est installé sur le robinet de prise de vapeur même et se compose d'un anneau monté sur un axe et pouvant tourner sans frottement dans un autre anneau fixe. Des orifices sont percés au travers de chacun de ces anneaux pour le passage de la vapeur, et leur section est calculée de telle sorte qu'à la position de régime du régulateur il y ait une différence de pression réglable à volonté, et que, pour les positions extrêmes les orifices soient ou complètement fermés ou complètement ouverts.

L'axe sur lequel est monté l'anneau n'a pas de garniture pour diminuer le frottement; la longueur de la petite bielle de commande est variable à volonté pour régler la position de régime de l'obturateur, et un petit contrepoids auxiliaire glissant le long du levier sert à régler la marche normale de l'appareil.

Toutes les précautions étant prises pour que les frottements soient réduits au minimum et que le régulateur fonctionne avec une certitude absolue, on peut dire qu'il est possible d'arriver à maintenir constant le régime de la vitesse du moteur, quelles que soient les variations qu'on lui fera subir, puisque tous les écarts peuvent être annulés en un tour, ce qui représente 1/3 de seconde des machines marchant à 180 tours par minute.

MACHINES PILON DE J. BOULET ET Cie

La Maison J. Boulet et Cie expose : une machine motrice et une série de
ses machines fixes, mi-fixes, horizontales et du type pilon. Nous avons donné,
dans notre *Supplément aux machines à vapeur* : les dessins des machines

FIG. 35.

horizontales mi-fixes ; ceux des machines Compound pilon avec régulateur
dans le volant.

Nous nous bornerons donc à donner la vue en perspective des machines pilon compound et à rapporter dans le tableau ci-après les dimensions principales, prix et poids de ces machines, à 1 cylindre, à 2 cylindres.

Ces machines sont d'un aspect simple très satisfaisant. Le bâti ou socle
portant les trois paliers de l'arbre, se prolonge par une sorte de pilier qui se

termine au sommet par un plateau formant les fonds inférieurs des cylindres. Ce pilier porte les glissières ouvertes latéralement. Ces glissières sont alésées en même temps que l'on dresse le plateau supérieur, aussi le centrage des cylindres et des glissières ne laisse rien à désirer. Les cylindres sont supportés à l'avant, par deux colonnettes en fer. Les coulisseaux sont à grandes surfaces, leur usure est presque nulle. Les bielles simples, l'arbre, les tiges et barres d'excentriques ainsi que toutes les pièces de forge, sont en acier. Les articulations sont toutes garnies de bagues en bronze dur. Les régulateurs placés dans le volant sont très puissants et assurent à la machine une marche régulière. Ils agissent comme nous l'avons montré dans notre *Supplément* sur l'excentrique du petit tiroir et le déplacent de façon à changer en même temps l'angle de calage et la course. Le tiroir est cylindrique et équilibré, il présente alors une avance à l'admission à peu près constante et par le changement de course il fait varier l'admission dans les limites les plus étendues.

Machines pilon de J. Boulet et Cⁱᵉ.

FORCE en CHEVAUX-VAPEURS		FORCE MAXIMA	PISTONS		COURSE	VITESSE nombre de TOURS	Diamètre des VOLANTS	POIDS	PRIX avec Régulateur	PRIX avec Condensation	CHANGEMENT de marche
			DIAMÈTRE PETIT	DIAMÈTRE GRAND							
		francs	millim.	millim.	millim.	par min.	mill.m.	kilogr.	francs	francs	francs
Machines à un seul cylindre	4	6	0.120		0.140	400	0.700	500	1.300	»	. »
	8	12	0.150		0.160	350	0.800	700	1.650	»	»
	12	18	0.180		0.200	300	1.000	950	2.200	»	»
	20	30	0.210		0.250	250	1.100	1.200	3.200	»	»
Machines à deux cylindres égaux	8	12	0.120	0.120	0.140	400	0.700	700	2.600	»	400
	15	22	0.150	0.150	0.160	350	0.800	900	3.200	»	500
	25	35	0.180	0.180	0.200	300	1.000	1.200	4.000	»	650
Machines à deux cylindres compound	8	12	0.120	0.190	0.140	400	0.700	800	3.000	3.600	»
	12-15	20	0.150	0.240	0 160	350	1.800	1.000	3.800	4.600	»
	20	28	0.180	0.290	0.200	300	1.000	1.500	5.000	6.000	»
	30	40	0.210	0.340	0.250	200	1.100	2.500	6.500	7.600	»
	50 60	70	0.250	0.410	0.300	225	1.250	5.000	9.000	10.200	»
	80-100	120	0.290	0.470	0.350	200	1.400	8.000	12.500	14.000	»
	120-140	160	0.340	0.550	0.400	175	1.500	11.000	14.800	16.500	»
	200	250	0.450	0.730	0.550	125	1.900	18.000	23.000	26.500	»

COMPOUND-PILON DES ATÉLIERS D'OERLIKON
SYSTÈME HOFFMANN

Planches XIX et XX

Cette machine est à fonctionnement Woolf, les pistons sont accouplés à 180°, opposés l'un à l'autre. Nous avons dit dans la Préface quels sont les avantages de cette disposition; elle rend inutiles les contrepoids, opposés aux manivelles, que l'on doit employer dans les machines accouplées à 90°.

Cette machine étudiée spécialement pour la commande des dynamos soit directement, soit par l'intermédiaire d'une courroie, comme c'était le cas à l'Exposition, peut fonctionner sans ou avec un condenseur et pompe à air disposés comme c'est indiqué sur l'ensemble (figures 1, 2, 3, planche XIX).

Voici d'abord ses dimensions principales :

Diamètres des cylindres	400 —	600
Rapport des sections	1 à	2,25
Course commune........ 600 — Tours.....		180
Puissance, chevaux effectifs		200

L'arbre à deux coudes et le bout qui porte le volant sont réunis par les petits plateaux P forgés à leurs extrémités, il en résulte qu'on a dû faire en deux pièces l'excentrique du grand tiroir et celui de la pompe à air.

Cet arbre est supporté par quatre paliers appartenant à une seule et même pièce formant le socle de la machine et reposant par toute sa surface sur le massif de fondation. Ces paliers conservent donc toujours leur ligne d'axe, ce qui n'a pas lieu quand ils sont indépendants. De plus l'arbre ainsi supporté se comporte comme une poutre continue, sur plusieurs appuis; il en résulte que la flexion entre deux paliers est nulle et l'usure des coussinets uniforme, ce qui assure un bon graissage. Le palier du volant est un peu en saillie sur le massif, pour atténuer le porte-à-faux du volant.

L'enveloppe des cylindres est supportée par quatre piliers assemblés sur le bâti et sous l'enveloppe, d'une façon rigide, au moyen de boulons et de saillies ou clavettes longitudinales. Les deux piliers d'un même cylindre forment les glissières cylindriques alésées après montage avec l'enveloppe.

On a évité ainsi les pièces d'une exécution compliquée pour la fonderie.

Dans cette enveloppe, de construction simple, sont rapportés les cylindres portant chacun le fond inférieur et le presse-étoupes. Chaque cylindre est maintenu en place, ainsi que son fond supérieur, au moyen d'une forte vis unique passant dans le fond supérieur qui ferme l'enveloppe.

Un conduit a (fig. 2) latéral à celui d'arrivée de vapeur A, permet d'envoyer de la vapeur dans la capacité qui entoure le petit cylindre et aussi au moyen des conduits *b* et *c*, (fig. 1), au-dessus des fonds des deux cylindres.

La purge du petit cylindre se fait par deux petites soupapes *d*, dont le siège seul est tracé (fig. 2), débouchant dans la capacité intermédiaire B ; celle du grand cylindre se fait par deux petites soupapes *e* débouchant dans la capacité C de l'échappement. Ces quatre soupapes de purge sont manœuvrées par un seul levier.

Les pistons en acier forgé sont très légers, leurs segments sont retenus par une rondelle vissée. Les tiges des pistons sont creuses, sauf à l'extrémité vissée au coulissseau. La douille filetée du coulisseau est fendue et serrée sur la tige au moyen de deux boulons. Cette construction rend le démontage plus facile que le clavetage habituel. Les deux patins du coulisseau sont en bronze. L'axe du coulisseau est en acier, creux. Enfin les bielles, de section rectangulaire, sont de forme très rationnelle. Le graissage des boutons des manivelles indiqué figure 3 a lieu par l'action de la force centrifuge.

La distribution de la vapeur se fait, dans chaque cylindre, au moyen de tiroirs cylindriques équilibrés, fonctionnant dans des bagues en métal dur ne permettant aucune usure. Celui du grand cylindre ne présente rien de particulier, mais celui du petit cylindre, figure 4 planche XX, comporte à l'intérieur un petit tiroir de détente. Ces deux tiroirs concentriques sont conduits par des excentriques solidaires et la variation de l'admission est obtenue en faisant varier leurs angles de calage et par suite leurs courses, au moyen du régulateur placé au bout de l'arbre. La construction des tiges concentriques de ces tiroirs et de leurs articulations aux barres des excentriques est indiquée dans les figures 5.

Régulateur (figure 6). Il est disposé à l'extrémité de l'arbre dans un tambour A, boulonné au moyeu B calé sur l'arbre. Ce régulateur se compose de deux masses en arcs C C reliées, près de leurs articulations, par un ressort unique. Ces masses sont exactement calibrées, et leur poids est déterminé suivant la vitesse de régime voulue pour la machine. Cette vitesse de régime peut être modifiée en modifiant la tension du ressort dont les extrémités sont taraudées. Les extrémités libres des masses C C sont reliées par les biellettes D D au plateau E E dont le moyeu, ajusté et mobile sur le moyeu B, est excentré.

Sur ce moyeu excentré E E sont ajustés à frottement doux les deux excentriques solidaires F F formant collier de l'excentrique E et dont l'entraînement est obtenu au moyen de la queue G articulée au tambour A par l'intermédiaire d'une petite bielle H. Il résulte de l'emploi d'un ressort unique que les efforts sur les bielles D D sont toujours égaux et ne produisent aucun frottement sur le moyeu B.

Maintenant pour avoir les diverses positions des excentriques quand le

11

moyeu E tourne, reportons nous à la figure 7 : dd étant la ligne qui joint les points d'action des bielles D D sur le plateau E E, le centre du moyeu excentré E, pris dans sa position moyenne, est au point 2, le rayon O 2 étant perpendiculaire sur dd ; G est l'axe de la queue qui réunit le collier F F au tambour A par l'intermédiaire de la petite bielle H.

Actuellement si les masses C C s'ouvrent par la force centrifuge, elles feront tourner le moyeu E dont le centre 2 passera en 3. Si les masses se ferment sous l'action du ressort, le centre 2 passera en 1. Or, si la manivelle étant en M_0 et la machine au repos, l'excentrique du tiroir principal a son centre

FIG. 36.

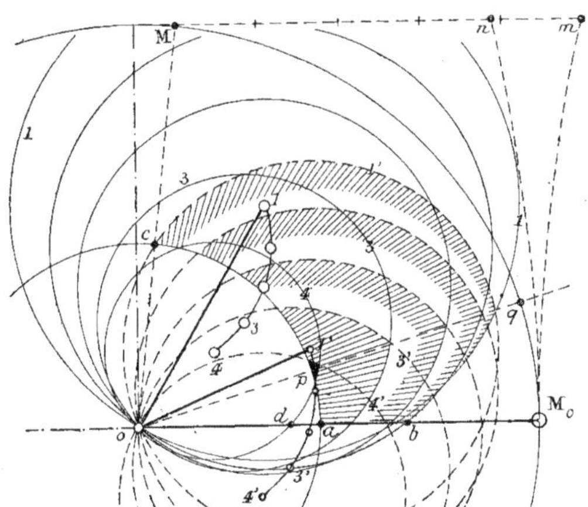

en 1′ et l'excentrique du tiroir de détente son centre en 1″, il est clair que par la rotation du moyeu E ces deux centres 1′, 1″ décriront des arcs sensiblement égaux et parallèles à l'arc 1 2 3 ; ils viendront en 2′ et 2″ dans la position moyenne et en 3′ et 3″ pour une position plus ouverte des masses.

Épure de la distribution figure 36. Pour se rendre compte des variations que subit la distribution, employons la méthode des cercles de Zeuner que nous avons précédemment indiquée (pages 18-19).

La manivelle étant en M_0 et la machine au repos portons à droite de la verticale, les angles de calage des excentriques dont les rayons sont alors O 1 pour le tiroir principal et O 1' pour le tiroir de détente. Si nous traçons des centres 1 et 1', des cercles sur ces rayons O1 et O 1' et un cercle en O de rayon égal au recouvrement intérieur du tiroir principal (nous disons « intérieur » parce que l'arrivée de vapeur a lieu par l'intérieur du tiroir) nous voyons que l'avance à l'admission est ab et que l'admission est fermée au point c. La position correspondante de la manivelle est M et en traçant de M_0 deux arcs avec un rayon égal à la bielle, qui est ici de quatre fois et demie la manivelle, nous trouvons :

$$Mm = 0,5 \text{ pour l'admission du haut.}$$
$$Mn = 0,4 \qquad » \qquad » \qquad \text{du bas.}$$

Si maintenant nous traçons les arcs $1 - 3$ et $1' - 3'$, comme figure 7, planche XX, suivant lesquels se déplacent les centres des excentriques et si nous les divisons chacun en 3 parties, puis que sur chaque centre nous tracions les cercles, nous aurons pour toutes les positions, comme précédemment, les conditions de la distribution : avance et détente.

Si, par suite d'une marche à vide les centres des excentriques viennent en 4 et 4', les cercles correspondants font voir qu'il y a alors un retard à l'admission égal à ad et une introduction presque nulle, représentée par le petit triangle p. On remarquera que le rayon pq est le lieu des points où l'orifice commence à se fermer. En traçant du centre o un cercle de rayon égal au recouvrement extérieur (côté où a lieu l'échappement), on trouverait, comme nous le savons, les périodes d'avance à l'échappement et de compression.

Cette distribution à deux tiroirs présente précisément l'avantage de donner des compressions moindres que la détente par un seul tiroir.

Les ateliers d'Oerlikon construisent quatre grandeurs de ces machines Compound, dont le tableau suivant donne les dimensions principales et le nombre de lampes qu'elles peuvent entretenir.

Compounds Pilon, à volants — pression 8 à 10 k.

Nos	Force en chevaux.	Diamètres des cylindres.	Course.	Tours.	Diamètre du volant. m/m	Poids approximatif. kg.	NOMBRE DE LAMPES	
							à arc de 1.200 boug.	incand. de 16 boug.
V	50	200 — 300	250	270	1.800	6.000	50	600
VI	90	250 — 380	300	240	2.100	8.000	90	1.000
VII	135	320 — 480	360	210	2.400	10.500	135	1.500
VIII	200	400 — 600	450	180	2.700	12.500	200	2 400

MOTEURS SIMPLES DES ATELIERS D'OERLIKON

Les ateliers d'Oerlikon construisent encore des moteurs pilons à simple cylindre, à volants pour la commande par courroie, ou directement accouplés aux dynamos comme l'indique la figure 37 qui représente une machine à lumière pour bateaux. Dans cette machine, la dynamo est construite de telle façon que le magnétisme libre est réduit à son minimum et par suite n'influence pas la boussole.

Une petite machine de ce type, de 5 chevaux à 600 tours a fonctionné pendant toute l'Exposition. Les organes principaux et le régulateur sont de construction identique à ceux des machines Compound.

FIG. 37.

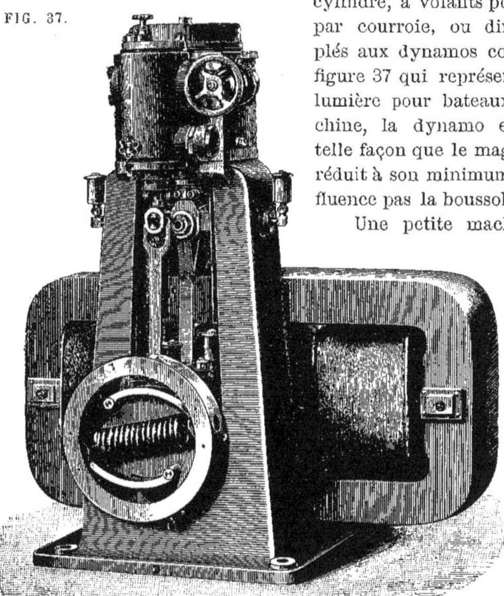

Machines simples à volants. pression 6 à 8 k.

N°	Force.	Diamètres.			Course.	Volant. m/m	Poids approximatif.	Lampes à	
								arc.	incand.
1	4	100	à	130	100	640	400	3	36
2	8	130	—	160	130	800	750	7	90
3	15	160	—	200	160	1.000	1.200	15	180
4	25	200	—	250	200	1.200	2.200	25	300
5	40	250	—	300	250	1.500	3.600	40	480
6	60	300	—	375	300	1.800	5.400	60	720

PETIT MOTEUR INDUSTRIEL, SYSTÈME OERLIKON

Ce petit moteur figure 38, est d'une installation commode, très économique, il convient très bien pour la petite industrie et les petites installations d'éclairage. La pression effective dans la chaudière est de 7 à 8 k. et elle est éprouvée à 13 k. On emploie ordinairement le coke qui permet un chauffage automatique, mais on peut aussi employer la houille. La machine est d'une construction très soignée et sa marche silencieuse ; le graissage de toutes les parties est continu ; le cylindre est à enveloppe et le tiroir plan est rond de façon à se roder automatiquement, il est conduit par l'excentrique mobile sous l'action d'un régulateur système Hoffmann.

FIG. 38.

Cet excentrique commande aussi la pompe alimentaire de façon que l'alimentation de la chaudière est proportionnée à la dépense de vapeur. La vapeur d'échappement passe dans un réchauffeur qui porte l'eau d'alimentation à 70° environ. On peut aussi condenser la vapeur dans un condenseur à surface.

La dépense de coke est d'environ 2 k. 5 par cheval et par heure.

Le prix du cheval-heure y compris le graissage et le nettoyage ne dépasse pas 10 à 12 centimes par heure.

Petits moteurs, système Oerlikon

Force.	Tours.	Volant.	Poulie.	Encombrement.	Poids.
2 — 3	240	840	450 — 75	1.800 — 900	800 k.
5 — 6	»	1.000	500 — 700	2.200 — 1.100	1.200 k.

Le tableau suivant donne les dimensions totales, poids, etc., des machines simples et Compounds des tableaux précédents, mais accouplées directement aux dynamos. Les dimensions des cylindres sont les mêmes, seules, le nombre de tours et la force sont changés.

Machines simples

et Compounds d'Oerlikon, accouplées aux dynamos.

Nᵒˢ	Force.	Tours.	Encombrement mètres.		Poids. k.	Lampes à arc.	incand.
1	5	600	1	— 0.5	600	5	60
2	10	540	1.25	— 0.9	1.600	10	120
3	20	480	1.50	— 1.2	3.000	20	240
4	40	420	2	— 1.4	5.700	40	450
5	60	360	2.4	— 2.6	9.000	60	720
V	70	360	3	— 7.8	12.000	90	1.000
VI	120	300	4.8	— 7.8	20.000	120	1.350
VII	180	240	5.0	— 2.0	25.000	180	2.000

MACHINE DE M. DEVILLE-CHATEL
SYSTÈME FRIKART

Planche XXI

Cette machine est à deux cylindres en tandem, par conséquent à fonctionnement Woolf. Elle est munie d'un appareil de condensation, qui sert de socle au grand cylindre, et dont la pompe est conduite par le coulisseau à l'aide de bielles et d'un levier vertical. Le petit cylindre est boulonné en porte à faux, à l'arrière du grand.

Les figures 1 et 2 donnent les dispositions de la machine qui fonctionnait à l'Exposition dans la section Belge, et les figures 3 à 6 donnent en détail la construction actuelle qui est légèrement modifiée.

La vapeur arrivant sous le petit cylindre par la tubulure A est distribuée alternativement sur chaque face du piston, au moyen de deux distributeurs cylindriques oscillants. L'échappement a lieu à la partie supérieure au moyen de deux autres distributeurs semblables aux précédents. Ces quatre distributeurs présentent une construction particulière indiquée figure 4 et figure 7. Chaque distributeur comporte (fig. 5) deux canaux a et b perpendiculaires l'un à l'autre et dont la section normale est donnée figure 7. Cette figure 7 fait voir aussi que chaque distributeur présente quatre surfaces de contact avec sa boîte cylindrique. Il en résulte, comme l'indiquent les flèches, que ces distributeurs ouvrent ou ferment, suivant le sens de leur rotation, quatre sections de passage à la vapeur. On peut alors supprimer l'avance à l'admission, ce qui permet d'obtenir une introduction de 0,5, comme le fait voir la courbe *A* figure 39 ci-contre des chemins parcourus par ces distributeurs.

La courbe B relative à l'échappement fait voir qu'il y a une forte avance, et que pour l'admission de 0,5 de la course, la période d'échappement est de

FIG. 39.

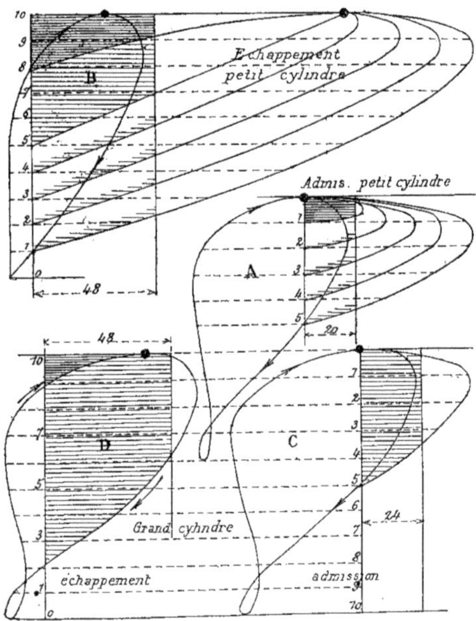

0,9 de la course. Ces distributeurs du petit cylindre sont conduits solidairement par un croisillon B (fig. 2, Pl. XXI), relié à sa partie inférieure par la barre C qui conduit l'excentrique, par l'intermédiaire d'un levier D. Cet excentrique est mobile sous l'action des masses *m m* équilibrées par deux ressorts.

Dans la disposition de la figure 1 le plateau qui porte l'excentrique oscille autour du point *o* et est guidé par un bouton en *n*.

Cette construction a été modifiée comme l'indique la figure 6; la course de l'excentrique variant, les oscillations des distributeurs diminuent, sur les figures A et B on n'a tracé que les amplifications au quadruple des ouvertures des distributeurs : on voit que pendant que l'admission passe de 0,1 à 0,5 de la course du piston, l'échappement passe de 0,5 à 0,9 de cette course.

La vapeur sortant du petit cylindre par 'a tubulure E, arrive au-dessus du grand où elle est distribuée par des obturateurs oscillants ouvrant un double passage à la vapeur (comme le tiroir Trick). L'épure C figure 39, relative à ces obturateurs fait voir qu'il n'y a pas d'avance et que l'admission est de 0,5.

Enfin les obturateurs de l'échappement sont à simple ouverture, leur mouvement est donné par la courbe D qui fait voir que cet échappement commence à 0,12 avant le point mort et dure pendant les 0,8 de la course.

Ces obturateurs du grand cylindre sont conduits solidairement par un même croisillon et leurs mouvements sont constants.

La construction de la pompe à air, se voit assez clairement dans la figure 3 sans qu'il soit besoin d'explication.

MACHINES PILON DE MM. SULZER FRÈRES

Figure 40. (Phototypie)

MM. Sulzer ont exposé deux machines pilon accouplées à des dynamos. La plus puissante, avait les dimensions principales suivantes :

Diamètres des cylindres, 275 — 400 ;   Course, 350 ;   Tours, 260.

A 10 k. sans condensation, elle développe environ les forces suivantes :

Admission en centièmes.	10	20	30	40
Force en chevaux indiqués. . . .	61	88	113	130
d° en chevaux effectifs. . . .	51	74	96	112

Pour avoir une machine simple, solide, les constructeurs ont adopté pour la distribution au petit cylindre, un tiroir-piston équilibré, conduit par un excentrique mobile sous l'action d'un régulateur, ce régulateur est semblable à ceux que MM. Sulzer employaient déjà en 1862.

L'admission du petit cylindre peut varier de 2 à 65 centièmes de la course.

La distribution au grand cylindre se fait au moyen d'un tiroir plan à double orifice, préférable ici au tiroir piston, parce qu'il est plus sûrement étanche après un long service ; point important quand la machine fonctionne à condensation. Les fuites qui peuvent se produire avec le tiroir-piston du petit cylindre n'auraient pas, à beaucoup près, les mêmes inconvénients par suite du fonctionnement Compound.

Les cylindres et leur enveloppe sont coulés d'une seule pièce, mais les glissières alésées sont coulées séparément. Cette construction lève la diffi-

culté pratique, qu'il y a à donner une même distance d'axe en axe aux cylindres et aux glissières, quand ces pièces sont alésées séparément.

Les manivelles sont à 180°, disposition qui, comme nous l'avons dit dans la Préface, est préférable aux manivelles à 90°, pour une marche à grande vitesse.

La seconde machine est de forme identique à la précédente.

Diamètres, 210 — 320;   Course, 240;   Tours, 250.

A 8 k., à condensation, elle développera environ les forces ci-après :

Admission en centièmes.	10	20	30	40
Force en chevaux indiqués	30	39	47,5	52
— en — effectifs	24	32	40	44

La distribution au petit cylindre se fait ici au moyen de deux tiroirs, c'est la détente *Bodmer* (généralement appelée détente *Rider*). Le régulateur horizontal à ressort présente l'avantage de pouvoir recevoir un mécanisme servant à faire varier le nombre de tours pendant la marche. Ce mécanisme qui n'était pas appliqué à la machine exposée, se composerait d'un poids mobile faisant varier la puissance du ressort.

MACHINE DE LA SOCIÉTÉ DE WINTERTHUR

Figure 41 (photographie).

Cette machine, d'aspect extérieur nouveau, donnait le mouvement à une partie de la section Suisse. Elle portait de chaque côté deux volants à gorges pour cordes, qui ne figurent pas sur la vue que nous donnons. Elle est à fonctionnement Woolf qui présente les avantages énumérés dans la préface.

Diamètres des pistons, 290 — 450; Course 500; Tours 135.

Sa puissance est de 80 à 100 chevaux. Sa vitesse peut atteindre 160 tours, elle peut donc être considérée comme machine à grande vitesse. Par suite du manque de place à l'Exposition, on a dû supprimer la condensation.

Cette machine horizontale ressemble à une machine pilon couchée sur une face. Le bâti est fait en trois pièces : 1° deux socles formant les glissières; 2° un cadre portant trois paliers, reposant sur le massif de fondation par un de ses longs côtés, et sur lequel se boulonnent les socles-glissières.

La masse de fonte ainsi placée au-dessus de l'axe de la machine ne nous paraît présenter aucune utilité pratique, si ce n'est d'augmenter le poids mort, pour résister aux chocs. Mais ce résultat peut s'obtenir autrement et cette construction présente, selon nous, l'inconvénient de rendre peu accessibles les pièces en mouvement.

12

Les deux cylindres à enveloppes de vapeur fondus d'une même pièce, sont boulonnés en porte à faux à l'extrémité des socles-glissières.

Cette construction en porte à faux des cylindres rend facile le montage des tuyaux d'amenée et d'échappement de la vapeur.

Les tiroirs de distribution sont circulaires et conduits par un cadre circulaire, ils peuvent donc tourner sur leur glace, ce qui fait que leur ajustage est toujours parfait.

Nous avons déjà donné ailleurs (1) la construction de ces tiroirs circulaires et des lumières sur la glace.

La distribution se fait au petit cylindre au moyen d'un tiroir principal surmonté d'une plaque circulaire ou tiroir de détente. Cette détente varie sous l'action du régulateur placé dans le volant et qui change la course et le colage de l'excentrique de détente. L'admission varie comme suit :

	H. P.	B. P.
machine sans condensation	0,12 à 0,63	0,65
id. avec id.	0,6 0,52	0,58

Sur le dessin que nous donnons de cette machine, on voit que la barre d'excentrique inférieure conduit au levier monté sur un autre levier conduit en tête par l'excentrique fixe. Nous avons déjà décrit ce mouvement (1) en décrivant la machine de Buckeye et Cie qui figurait à l'Exposition de Philadelphie.

En réalité ce mouvement n'existait pas sur la machine Woolf motrice de l'Exposition, celle-ci avait les deux barres des excentriques attelées directement aux tiges guidées des tiroirs; mais ce mouvement existait sur une machine à un cylindre exposée par ladite société de Winterthur.

---

(1) Voir le *Supplément aux Machines à vapeur actuelles*.

CHAPITRE III

MACHINES A DISTRIBUTEURS ROTATIFS

MACHINES A ROBINET DISTRIBUTEUR
PAR M. V. BIÉTRIX ET Cⁱᵉ

Planches XXII à XXV.

Toutes les machines exposées par M. V. Biétrix sont établies sur un bâti de même modèle, de forme très rationnelle et gracieuse. Elles sont toutes munies d'un même système de distributeur à robinet et de régulateur qui sont les deux organes essentiels et dont nous nous occuperons plus particulièrement.

Le robinet, comme on le sait, est le premier organe de distribution qui fut employé bien avant Watt, aux machines atmosphériques de Neucomen.

Depuis et même assez récemment, le robinet a été repris bien des fois.

Mais nous remarquerons qu'il fut établi le plus souvent avec un mouvement *alternatif* tandis que dans les machines dont nous nous occupons il est à mouvement de *rotation continu*.

Quoi qu'il en soit des dispositions antérieures données au robinet distributeur, celles adoptées par M. Biétrix en font un appareil nouveau.

C'est en 1884 que M. Biétrix construisit la première machine à vapeur à distributeur rotatif; sa force était de 40 chevaux. Après de nombreux essais dans l'Atelier, elle a été vendue aux Forges et Aciéries de la Marine et des Chemins de fer, montée à leur usine de Boucau, en juin 1884, où elle n'a cessé, depuis, de fonctionner d'une façon continue et satisfaisante.

Depuis cette époque, toutes les machines à vapeur, de 10 à 300 chevaux que la maison Biétrix a construites, sont à distributeur rotatif.

Robinet distributeur. — Figure 6, planches XXII à XXIV. Ce robinet, muni d'ouvertures et de cloisons convenablement disposées, est animé d'un mouvement de rotation uniforme, et fait le même nombre de tours que l'arbre moteur. Il est légèrement conique pour pouvoir rattraper le jeu, et la vapeur le tient constamment appuyé contre une butée extérieure à réglage facile;

il n'y a donc aucun frottement autre que celui des deux presse-étoupes et de la butée. Il est à remarquer que la pression de la vapeur tend toujours à décoller le robinet de son boisseau, c'est ce qui explique qu'il ne grippe pas.

Après quelques jours de marche, le robinet a pris un peu de jeu; il faut serrer légèrement la butée jusqu'à ce qu'en faisant tourner le robinet à la main on éprouve une légère résistance; on répète cette opération deux ou trois fois et à partir de ce moment aucune usure appréciable ne se produit.

Le robinet est commandé par deux roues héliçoïdes égales, dont l'une est fixée sur l'arbre moteur et l'autre sur l'axe du robinet prolongé.

Le robinet porte, du côté de son plus petit diamètre, une partie cylindrique percée de deux fenêtres opposées, par lesquelles entre la vapeur; sur cette partie cylindrique est emmanché, à frottement doux, un boisseau muni également de deux fenêtres opposées, mais plus larges. On règle la distribution en modifiant l'orientation de ce boisseau, soit à la main, soit au régulateur.

Le mouvement de rotation uniforme du robinet, toujours dans le même sens, faisant un tour pendant que l'arbre moteur en fait un, permet de marcher à une allure très rapide; son équilibrage parfait le met également dans les meilleures conditions pour marcher à de fortes pressions. Ce point est capital, car il est reconnu (1) que les grandes vitesses de rotation et les hautes pressions, sont très favorables à l'économie de vapeur.

Les grandes vitesses diminuent les fuites du piston et des appareils de distribution; elles atténuent aussi les refroidissements, toutes causes de perte qui croissent en raison directe de la durée du tour de manivelle.

Avec les pressions élevées le rendement augmente si l'on emploie la double ou la triple expansion. La puissance d'une machine augmentant avec la vitesse et avec la pression, on peut presque dire que son prix est en raison inverse du produit de ces deux facteurs.

Dans ces distributeurs, les orifices sont très largement calculés, et les doubles fenêtres, permettent l'ouverture et la fermeture rapides de l'introduction, comme le montrent les diagrammes ci-après.

On a reproché au robinet qu'il s'usait et grippait; l'expérience montre absolument le contraire, on n'en a encore remplacé aucun. M. Biétrix a exposé un robinet qui a fonctionné tous les jours depuis le mois d'octobre 1885, et nous avons constaté qu'il était poli et sans usure appréciable.

Appareil de réglage automatique de la détente figure 7, planche XXII. — La maison V. Biétrix et Cie a adopté cet appareil depuis 1886.

---

(1) Comme nous l'avons dit dans nos précédents ouvrages *Les Machines à vapeur actuelles* et le *Guide pour l'essai des machines.*

Le régulateur est à 4 galets circulaires P P évidés sur les 3/4 de leur surface, le dernier quart étant chargé de plomb; la partie évidée porte des dents qui engrènent avec les crémaillères taillées sur l'axe creux tournant et porté par un arbre vertical fixe. Le tout est enfermé dans une boîte circulaire ; des nervures intérieures reçoivent les axes des 4 galets.

Lorsque la vitesse augmente, les galets, sous l'action de la force centrifuge, tendent à tourner autour de leur axe; mais, comme ils engrènent avec les crémaillères centrales, ils soulèvent tout l'appareil qui joue le rôle de contre-poids.

La boite contenant les galets porte à sa partie inférieure deux disques horizontaux A A, tournant avec le régulateur et montant ou descendant suivant que la vitesse augmente ou diminue. Entre ces disques, se trouve un galet B garni de cuir, que les disques font tourner par frottement dans un sens ou dans l'autre, suivant qu'ils tendent à monter ou à descendre. Ce petit galet, en tournant, agit sur la détente. Cette disposition, ne présente jusqu'ici rien de particulier, elle a été souvent essayée puis abandonnée; les machines à vapeur qui en sont munies subissent des oscillations continuelles. Il est donc nécessaire que le galet suive le régulateur.

Pour cela, tout l'appareil est porté par une vis verticale C.

Le galet B commande la vis C, par l'intermédiaire d'un petit pignon conduisant la roue en bronze D à denture intérieure et de deux petits pignons d'angle. Le tout est porté par une boîte en bronze E, reposant sur la tête de la vis C, montant et descendant avec elle, mais que deux tiges guides, latérales, empêchent de tourner.

La vis C s'engage dans l'écrou fixe G et porte un manchon L qui dans toutes les positions conduit la vis I qui commande le boisseau de détente H.

Le fonctionnement de l'appareil est facile à comprendre : si la vitesse augmente, le régulateur tend à monter; le disque A inférieur vient toucher le galet B et le fait tourner ; lui-même entraîne la vis C qui modifie la position du boisseau de détente H. Mais la vis, en tournant, monte et, avec elle, le galet B qui prend la position correspondant à la vitesse actuelle du régulateur.

Le calcul des divers organes est facile; on se donne l'écart maximum de vitesse, 2, 3, 4 p. %; on en déduit la course du régulateur, c'est généralement 2 à 3 centimètres. Il n'y a plus qu'à calculer le diamètre des divers organes et le pas de la vis, de façon que, lorsque la vis aura monté de 2 ou 3 centimètres prévus, le boisseau de détente ferme entièrement l'introduction.

La régularité, ainsi obtenue, est suffisante dans la plupart des cas. Mais, lorsque ces machines doivent conduire des dynamos, pour l'éclairage électrique, on emploie un artifice qui permet d'augmenter l'introduction de la vapeur dans la machine sans que sa marche se ralentisse en rien, car c'est lorsque la dynamo absorbe le plus de force qu'il convient de maintenir et même d'augmenter sa vitesse si l'on veut que l'intensité de l'éclairage ne baisse pas. Pour cela, on relève à la main, par un écrou F, la vis portant le galet et tout l'appareil de réglage; les boules du régulateur se trouvent ainsi écartées sans avoir diminué l'introduction; cette addition n'est utile que pour la conduite d'éclairages électriques importants.

Ces régulateurs sont très sensibles et très puissants.

Construction. — Dans la planche XXII, nous donnons une Compound à distribution unique. Cette disposition est nouvelle, c'est une simplification que le constructeur compte apporter à toutes les machines de ce genre. La vapeur arrive par la tubulure *a*, fig. 1 à 3, dans l'enveloppe d'où elle sort par la tubulure *b* pour descendre dans le distributeur dont l'arrière communique avec le condenseur. Les figures 4 et 5 montrent le détail des cylindres, on voit que la vapeur enveloppe les cylindres, la cage du distributeur et le réservoir intermédiaire. Les bossages *c d* reçoivent des soupapes de purge et de sûreté.

La figure 6 nous montre la construction du distributeur. Ce distributeur conique tourne dans un boisseau rapporté dans la boîte cylindrique venue de fonte avec l'enveloppe des cylindres. Le boisseau de détente H est fixe tant que la vitesse est constante, il peut tourner sous l'action de la vis I commandée par le régulateur (fig. 7). La construction du pivot se voit bien à gauche, le pivot mobile *a*, vissé au bout de l'arbre du distributeur, repose sur une rondelle libre *b*, ainsi que la butée *c*; ces deux rondelles sont enfermées dans une double bague formant crapaudine *d* entièrement libre, les écroux *e f* permettent de régler exactement la position du distributeur.

Les vilbrequins de l'arbre sont munis de plateaux fixés par quatre vis aux angles. Les plateaux extérieurs portent une gorge pour recevoir l'huile qui est ensuite projetée par la force centrifuge dans la tête de bielle.

Dans la planche XXIII, nous donnons une Compound à deux distributeurs, c'est le modèle de la machine motrice qui fonctionnait dans la Galerie des machines.

La construction du distributeur (fig. 6) est la même que précédemment, sauf la disposition des cloisons. Ce distributeur est exactement celui de toute machine à cylindre unique.

L'appareil régulateur, tracé figures 1 et 3, est une variante du précédent. Les figures 4 et 5 indiquent suffisamment la construction des cylindres, des boîtes *d* D, des distributeurs et du réservoir intermédiaire. La vapeur arrive par la tubulure *a* dans l'enveloppe *b* et passe, de là, par la tubulure *c* au distributeur *d*, puis au réservoir et au distributeur D pour aboutir de là au condenseur. Un robinet à double siège *e* (fig. 2 et 3) permet d'envoyer la vapeur d'échappement au condenseur ou à l'air libre. Enfin un robinet placé en A (fig. 2 et 4), permet d'envoyer la vapeur de l'enveloppe dans le distributeur D pour faciliter la mise en marche.

Dans la planche XXIV, nous donnons (fig, 1 à 3) une Compound pilon à un seul distributeur. Cette machine est, comme la première, une nouveauté. Elle a fonctionné plusieurs mois pour l'éclairage des ateliers Biétrix.

L'appareil régulateur tient des deux précédents. Quant à la construction des cylindres, détaillée figure 4 et 5, et celle du distributeur figure 6, elle se comprend facilement par l'analogie avec les machines précédentes.

Enfin, dans la planche XXV, nous donnons une machine mi-fixe à cylindres en tandem, par conséquent à fonctionnement Woolf. Le distributeur unique est analogue à celui de la Compound planche XXII, sauf la communication au réservoir intermédiaire qui n'existe pas ici.

L'enveloppe des cylindres formant dôme de vapeur, reçoit les soupapes de sûreté. Les pistons sont en fer creux, leur tige commune passe dans une bague en bronze cannelée, assez longue, mais sans presse-étoupes ; et il a été constaté, pendant un an de marche, que la fuite de vapeur était insignifiante, et représentait une perte de travail plus faible que le travail qui serait absorbé par le presse-étoupes.

La chaudière est en tôle d'acier, à foyer ouvert et à retour de flamme extérieur ; leur construction est très simple.

M. V. Biétrix présentait encore à l'Exposition une machine à quatre cylindres, ou deux machines en tandem accouplées, avec un seul distributeur ; on obtient ainsi une force représentée par 2, tandis que le prix, au lieu d'être de 2, n'est que de 1 1/2. La vitesse de cette machine est de 200 tours.

Résultats d'essais. — Les diagrammes (fig. 42) se rapportent à une machine mi-fixe Compound tandem de 80 ch. à 12 k. sans condensation ; diamètres des cylindres 200-325, course 500, tours 225, essayée à la manufacture d'armes de Saint-Etienne par M. le capitaine Chantre. Voici les résultats de ces essais :

Eau vaporisée par kilog. charbon brut.	8 k. 5
Eau consommée par cheval heure effectif.	10 » 0
Charbon brut » » 10 : 8,5 = ...	1 » 175
Eau vaporisée par heure et par m² de surface de chauffe.	11,7 et 14,2
Charbon brûlé par décimètre cube de grille.	0,56 et 0,666

Les machines sans condensation, ordinaires, consomment de 15 à 16 k. Il y a donc ici une économie notable.

Les diagrammes (fig. 43) ont été relevés également à la manufacture de Saint-Etienne sur une machine Compound à cylindres accolés de 230-380, course 400, tours 140. L'introduction au petit cylindre a varié de 50 à 250 m/m et la pression de 7 k. à 5 k.

Pour terminer ce qui a rapport à ces machines, nous ne pouvons mieux

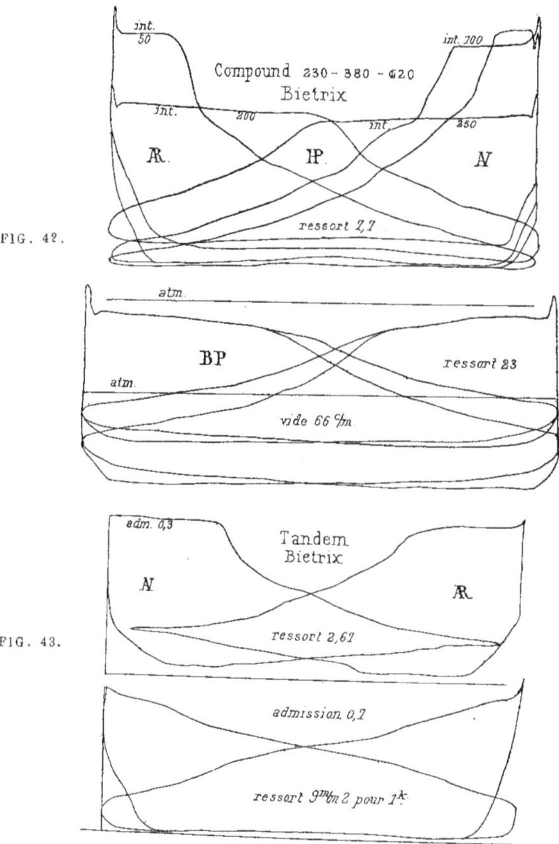

FIG. 42.

FIG. 43.

faire que de rapporter les prix actuels, ils permettront d'établir certaines
comparaisons utiles au point de vue économique.

MACHINES DEMI-FIXES

A un seul cylindre, sans condensation, pression 6 kᵒˢ.

Force effective en chevaux.						
Normale.	6	8	15	20	30	40
Maximum.	8	15	23	36	55	80
PRIX.......	5.000	6.500	9.000	12.000	15.000	18.000

Compounds à cylindre accolés, à condensation, à 6 kᵒˢ.

Force effective en chevaux					
Normale.	25	35	50	70	100
Maximum.	35	50	70	100	140
PRIX.......	17.000	22.000	28.000	36.000	44.000

Compounds en tandem, sans condensation, à 12 kᵒˢ, vitesse 2ᵐ.

Force effective en chevaux						
Normale.	18	25	35	45	65	100
Maximum.	30	45	60	80	115	170
PRIX.......	12.500	16 000	21.000	26 000	30.000	34.000

MACHINES FIXES HORIZONTALES

A un seul cylindre, sans condensation, pression 6 kᵒˢ.

Force effective en chevaux.									
Normale.	4	8	12	20	30	40	65	90	140
Maximum.	8	15	23	36	55	80	120	180	270
PRIX.......	2.400	3.000	3.800	4.900	6 000	7.500	9.500	13.000	17.000

Compounds ordinaires à condensation, à 6 kᵒˢ, vitesse 2ᵐ.

Force effective en chevaux.						
Normale.	25	35	50	70	100	140
Maximum	35	50	70	100	140	180
PRIX.......	11.500	14.000	18.000	23.000	27.500	32.000

Compounds en tandem, sans condensation, à 12 kᵒˢ, vitesse jusqu'à 3ᵐ.

Force effective en chevaux.						
Normale.	30	45	65	90	150	200
Maximum.	50	75	110	150	250	350
PRIX.......	8.000	10.000	12.000	15 500	19.000	24.000

MACHINES FIXES VERTICALES

A un seul cylindre, sans condensation.

Force effective de chevaux.									
Normale.	4	6	10	15	22	30	50	80	110
Maximum	8	11	18	28	35	60	100	150	200
PRIX.......	2.000	3.200	3.800	4.500	5.500	7.200	9.500	12.500	16.000

MOTEUR PILON DE MM. MÉGY, ÉCHEVÉRIA ET BAZAN, SYSTÈME MÉGY.

Planche XXVI, figures 1 à 4.

Ce moteur fonctionnait dans le pavillon érigé par ces constructeurs, pour la production de l'électricité nécessaire à la commande de leur pont roulant.

La vapeur admise par le robinet de prise A, passe dans la boîte B où agit la soupape régulatrice actionnée par le régulateur, comme nous le dirons.

De la boîte B la vapeur se répartit dans les deux tubulures C C' et de là aux deux distributeurs D D'. Ces deux distributeurs D D' sont des cylindres portant quatre évidements, ils tournent autour d'un petit cylindre central muni d'un double orifice pour le passage de la vapeur. Le mouvement de rotation est donné à ces distributeurs au moyen des engrenages logés dans les boîtes E, E', de l'arbre vertical F, et d'un arbre horizontal G conduit par l'arbre moteur au moyen d'un engrenage droit à denture hélicoïdale.

Chacun des évidements des distributeurs livre alternativement passage à la vapeur d'arrivée ou à la vapeur d'échappement. Il s'ensuit évidemment que *chaque distributeur ne fait qu'un tour pendant que la machine en fait quatre.* C'est cette particularité importante qui permet de faire faire à la machine un grand nombre de tours sans inconvénient pour les distributeurs, dont la vitesse de rotation réduite à moitié est relativement toujours modérée.

Dans la figure 1 le distributeur D vient d'ouvrir la lumière du cylindre, et laisse arriver la vapeur sur le piston. Mais, le mouvement ayant lieu dans le sens de la flèche, bientôt les petits orifices du cylindre intérieur seront fermés et alors commencera la détente.

Le distributeur D', au contraire, a déjà fermé ces petits orifices et ouvert l'échappement de la vapeur par la tubulure H. Tant que ces petits cylindres intérieurs I (fig. 3) occupent la même position, la détente est fixe.

Pour faire varier la détente, il suffit donc de faire tourner les cylindres I de manière à changer leur position relative avec les distributeurs. Ce déplacement se fait ici à la main au moyen de la manette J qui fait tourner l'arbre vertical et les engrenages K. On ne fait varier la détente que pour des conditions de marche très différentes, par exemple : suivant que la machine fonctionne à condensation ou sans condensation.

La régularité de la marche est obtenue, dans tous les cas, au moyen du régulateur figure 1, planche XXVII, agissant sur la soupape équilibrée située dans la boîte B, dessinée dans les figures 2, planche XXVII.

Le régulateur spécial qui actionne cette soupape est enfermé dans une poulie L calée à l'extrémité de l'arbre manivelle. Ce régulateur se compose de deux masses *m m* fixées à l'extrémité de deux ressorts *r r* formés chacun d'une lame d'acier boulonnée à l'intérieur du rebord de la poulie L. Ces ressorts font équilibre à la force centrifuge développée par la rotation des masses m m.

Chaque masse m m est reliée au manchon p p par les bielles n n formées de tiges taraudées, articulées à des joints de cardan et réunies par un manchon qui permet de régler leur longueur et même de faire varier la tension des ressorts r r pour le cas où on voudrait changer la vitesse de régime de la machine. Si, par suite d'une variation de la vitesse, les masses m m s'éloignent ou se rapprochent de l'axe, elles engendreront la rotation à droite ou à gauche du manchon p p. Or ce manchon p p forme écrou sur la douille q portant quatre filets de vis à pas allongé, il résulte donc de cette construction que la rotation du manchon p p produit en même temps son déplacement parallèlement à l'axe. La bague s s transmet ce déplacement aux leviers t et u et finalement à la soupape régulatrice, figures 2.

Ce régulateur fonctionne d'une façon remarquable, il présente, de plus, cette propriété de pouvoir être placé horizontalement.

Toutes les parties de la machine sont graissées au moyen d'un graisseur continu commandé par l'arbre F, au moyen d'un petit excentrique.

PETIT MOTEUR A FOURREAU DE MM. MÉGY, ÉCHEVÉRIA ET BAZAN

SYSTÈME MÉGY

Planche XXVI, fig. 5 à 9.

Ce petit moteur est, comme on le voit, à fonctionnement Woolf. Il fonctionnait dans le même pavillon que le précédent moteur, et actionnait directement une dynamo montée sur le même socle, comme le montre le petit ensemble figure 6. Les figures 7 à 9 font voir le détail de la construction du moteur. Le piston à fourreau est muni, à l'intérieur, d'un cylindre mince, évasé par le haut, pour empêcher le refroidissement par rayonnement.

L'arbre coudé (un peu faible à la portée du milieu qui reçoit la tête de bielle) tourne dans des paliers graisseurs à bague libre, dont le détail est donné figure 9.

La distribution se fait au moyen d'un tiroir cylindrique oscillant, conduit par un petit excentrique.

La réglementation s'opère, comme pour le moteur précédent, au moyen d'une soupape d'admission équilibrée, conduite par un régulateur identique à celui que nous venons de décrire, figures 1 et 2, planche XXVII.

Ce moteur développe, à 6 k. et à 650 tours un travail moyen de 5 ch'.

MOTEUR ROTATIF DIT « MOTEUR TORPILLE » SYSTÈME A. L. ET C. TAVERDON.

Planche XXVII.

M. Taverdon s'occupe depuis longtemps de la construction de moteurs rotatifs, et nous avons indiqué dans notre premier ouvrage (1) la construction du moteur dit « Braconnier » exposé en 1878.

Son moteur actuel peut recevoir un dispositif produisant la détente variable, ce dispositif est essentiellement formé par un distributeur cylindrique à mouvement de rotation continu.

C'est à cause de l'analogie qu'il y a entre ce distributeur et les appareils de détente précédents que nous avons placé ici la description de ce moteur, qui, par ailleurs, diffère essentiellement des moteurs à pistons.

Principe. — Soit un cylindre à section circulaire (figure 44) de rayon $a\,b$ et de centre a, présente deux orifices A et E servant l'un d'arrivée et l'autre d'échappement au fluide moteur.

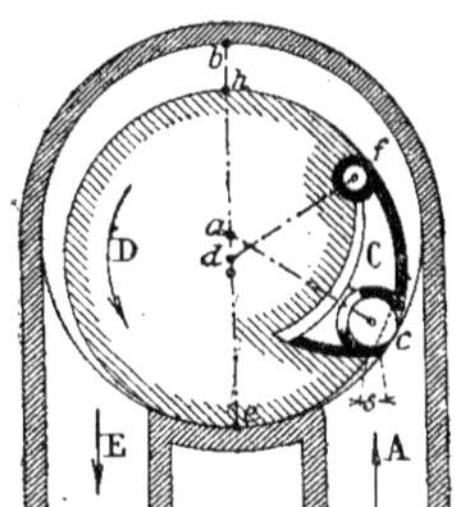

FIG. 44.

Dans ce cylindre un rayon de longueur $a\,c = a\,b$ peut tourner autour du centre a ; son extrémité c munie d'une garniture formant joint restera donc continuellement appliquée contre la paroi circulaire du cylindre.

Un second système rotatif est constitué par un disque D de centre d qui reste constamment tangent au cylindre suivant la génératrice e.

Les deux systèmes rotatifs de centres respectifs a et d sont reliés entre eux par une pièce C que nous nommons une vanne. Cette vanne C pivote librement autour d'un axe f faisant corps avec le disque D et son autre extrémité s'emboîte par un joint à genouillère avec la tête du rayon $a\,c$.

Le rayon de courbure extérieur de la vanne C est égal à $a\,c$.

Si, dans ces conditions, nous supposons les systèmes de centres a et d en rotation dans le cylindre, il est évident que l'extrémité du rayon $a\,c$ ne quittera jamais la face intérieure du cylindre et que d'autre part l'axe f restera continuellement sur la circonférence du centre d. Par suite la surface saillante s de la vanne, de zéro qu'elle est au point e ira en augmentant jusqu'à la valeur $b\,h$ au point b puis décroîtra de nouveau jusqu'à zéro.

---

(1) *Les machines à vapeur actuelles.*

C'est cette surface variable s de la vanne qui jouera le rôle de piston, tandis que la génératrice de tangence e jouera le rôle de fond de cylindre.

En pratique ces moteurs sont munis de plusieurs vannes, comme l'indiquent les figures de la planche XXVII. Les figures 7 représentent un moteur à trois vannes qui donne de bons résultats industriels.

Dans cette disposition le fluide n'agit sur les vannes-pistons que pendant la période où celles-ci ont leurs extrémités c c' c'' appliquées contre la partie m n du cylindre. Dès que c arrivera au point n, il y aura un échappement de fluide compris entre c' qui sera alors en m, et le dit point n, et à partir de là, ce sera la vanne c' qui recevra l'action motrice du fluide.

Les garnitures g et n, (fig. 6) ont pour but d'assurer l'étanchéité entre le cylindre et les vannes-pistons d'une part et entre les vannes-pistons et le disque porte-vannes D d'autre part. Il est à remarquer que les efforts s'exerçant sur les faces s des vannes sont reportés à leurs talons f et aux axes.

C'est donc entre ces talons et leurs axes d'une part et ces talons et leurs logements dans le disque d'autre part que se produira l'usure et ce n'est que là qu'il pourra y avoir jeu. Or, ce jeu n'aura pour conséquence que de permettre un léger recul des talons, f recul qui sera immédiatement rattrapé par une avance correspondante des garnitures élastiques g, cette avance étant assurée non seulement par l'élasticité même des dites garnitures, mais encore par la pression du fluide moteur qui viendra agir entre elles et le disque.

L'étanchéité des garnitures h sera assurée : 1° par l'action de la force centrifuge, 2° par l'élasticité même des dites garnitures, 3° par la pression du fluide moteur. L'étanchéité sur les flancs ou le rattrapage du jeu est obtenu (fig. 7) par le couvercle K entrant à frottement doux dans le dit cylindre et poussé contre la paroi du disque par un écrou micrométrique l.

En supposant cet écrou muni à sa périphérie de deux cents saillies également réparties, et si son pas est, par exemple, de 2 m/m, on arrivera pour chaque avancement d'une saillie sous le cliquet de retenue x à faire serrer ou desserrer le bouchon K, de un centième de millimètre, ce réglage se répartissant sur les deux faces du disque correspond donc pour chacune d'elles à un demi centième de millimètre.

Le graissage a lieu (fig. 7) par l'intérieur de l'arbre fixe A qui est creux et se trouve en communication avec un réservoir à graisse R. Le lubréfiant arrivé au tourillon est projeté par la force centrifuge vers les vannes et le pourtour intérieur du cylindre, puis passe à la décharge où l'on peut le recueillir.

L'arbre moteur B est pourvu de collets de butée pris dans les coquilles-coussinets qui, de leur côté, peuvent tourner librement dans un réservoir à graisse R'. Si le moindre échauffement se produisait entre l'arbre et les coquilles, celles-ci tourneraient avec celui-là jusqu'à ce que la lubrification se soit rétablie. Remarquous enfin que la composante de la pression transmise par une vanne sur l'axe A est équilibrée par la force centrifuge.

Moteur à détente variable.

Les figures 3 à 6 (Pl. XXVII), se rapportent à un moteur à deux vannes, complet, muni d'un dispositif de détente variable à la main et d'un régulateur.

L'appareil de détente (fig. 3 et 6) se compose d'un distributeur a, conique comme une clef de robinet, animé d'un mouvement de rotation continu, au moyen des engrenages A égaux et faisant par conséquent le même nombre de tours que le moteur. Ce distributeur a, est percé de deux orifices seulement, parce que le plateau D du moteur ne porte que deux vannes ; il tourne dans un cylindre b que nous appelons le cylindre admetteur percé des orifices 1, 2, 3, 4, 5, correspondants à des arcs inégaux, mais de même longueur que les orifices du distributeur a. La vapeur arrivant dans l'espace annulaire V pénètre au centre du distributeur a.

Si le cylindre (fig. 3) met en communication l'orifice 1 avec le conduit c allant au cylindre, il est clair que l'admission de la vapeur aura lieu au moment où l'un des orifices du distributeur a passera devant l'orifice 1, la durée de l'admission pour un demi-tour est proportionnelle à deux fois la largeur de l'orifice de l'admetteur. On voit donc, que, si à l'aide du volant à main B, on amène successivement les orifices 2, 3, 4 et 5 vis-à-vis du conduit c l'admission sera de plus en plus grande ; l'orifice 5 correspond à la pleine admission.

Le régulateur, se compose d'une poire en caoutchouc C fixée en v sur l'axe creux du distributeur a et en x sur un axe creux t intérieur au précédent, et se terminant par un petit piston d. On conçoit que si la poire C s'enfle sous une accélération de vitesse, le point x se rapprochera de v et le piston d viendra obstruer plus ou moins les orifices n n qui livrent passage à la vapeur.

Les variations de vitesse sont utilisées pour graisser la vapeur à son arrivée, à cet effet l'extrémité de la tige creuse t pénètre dans le petit cylindre à huile e et porte en bout une petite soupape. Quand la poire C s'ouvre, la tige t formant piston, aspire dans le cylindre e, une certaine quantité d'huile du récipient supérieur ; quand elle se ferme, la tige t rentrant dans le cylindre e, une certaine quantité d'huile passe dans la dite tige t, et vient graisser la vapeur à son débouché des orifices n n.

A la plus petite introduction et à 1000 tours, la puissance de ce moteur est de 2 ch. 33 et la dépense théorique de vapeur environ 5 k. par cheval-heure. A la pleine admission, la puissance développée atteint 7 ch. 55, et la dépense théorique de vapeur atteint 14 k. 6 par cheval-heure.

MOTEUR A PISTON DISTRIBUTEUR
SYSTÈME DE MONTRICHARD.

L'appareil dont nous nous occupons ici, n'est pas un *moteur* dans la même acception que les machines précédentes, il ne constitue un moteur qu'autant qu'il est réuni au *piston captant* d'une pompe du système Montrichard, et ce moteur ne sert qu'à actionner cette pompe.

A part le mouvement circulaire que possède ici le piston moteur, l'idée d'effectuer la distribution par des orifices percés sur le piston lui-même est

FIG. 45.

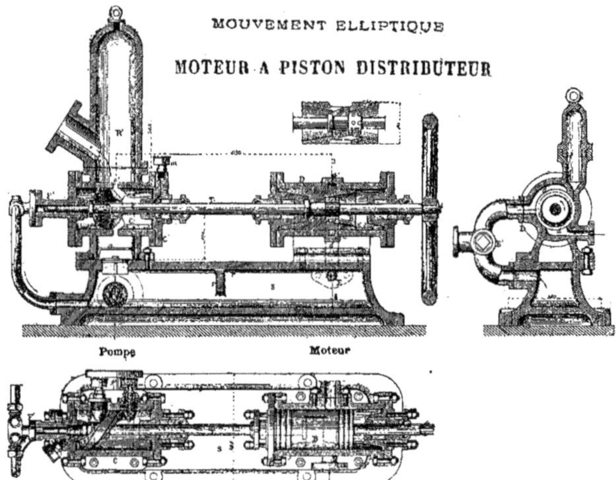

déjà ancienne; la machine américaine de Hick à quatre pistons à simple effet en vis-à-vis et conjugués deux à deux, qui fonctionnait à grande vitesse à l'Exposition de 1855 où nous l'avons vue, n'avait d'autre distributeur que les pistons eux-mêmes. Quoi qu'il en soit, voici en quoi consiste le *piston distributeur* de M. Montrichard, conjugué avec le *piston captant* de sa pompe.

Dans la figure 45 la pompe est à gauche et le moteur est à droite. Le piston captant de la pompe est un disque elliptique, par conséquent incliné sur son axe, il est guidé entre deux galets coniques; de telle sorte que si on imprime un mouvement de rotation à l'axe, le plan de l'ellipse ou le piston captant se déplace et imprime à l'axe un déplacement longitudinal.

Réciproquement, un effort longitudinal sur l'axe lui fera faire un demi-tour et un effort en sens inverse lui fera faire l'autre demi-tour. La continuité du mouvement de rotation est assurée par un petit volant.

C'est le déplacement du disque elliptique qui produit l'aspiration et le refoulement et le sens du courant change avec le sens de la rotation.

Il nous reste à voir comment la vapeur agit alternativement sur les faces du piston moteur, pour lui imprimer l'effort longitudinal. Ce piston comme on le voit par la coupe faite en détail, porte deux fentes ou lumières longitudinales, diamétralement opposées; l'une communique d'un côté du piston, l'autre de l'autre côté. Chacune de ces lumières sert successivement pour l'admission, puis pour l'échappement.

La vapeur arrivant par la tubulure d que l'on voit à droite du profil, débouche dans une rainure à la partie inférieure du cylindre. Quand, par la rotation, l'une des lumières passe devant cette rainure, la vapeur vient agir sur une des faces du piston; la période d'admission correspond à la longueur de la rainure. Pendant ce temps, l'autre lumière s'est mise en communication avec une rainure supérieure d' qui laisse échapper la vapeur qui a précédemment travaillé sur l'autre face du piston. Et a'nsi de suite, la vapeur agit sur chaque face du piston.

Le conduit d'échappement peut être mis en communication avec le socle de la pompe, on débouche le conduit d'aspiration, on utilise ainsi la condensation pour produire l'aspiration.

CHAPITRE IV

MACHINES A 4 DISTRIBUTEURS ET DÉCLICS GENRE CORLISS

MACHINES DE 500 A 1,200 CHEVAUX
DE M. J. FARCOT

Planche XXVIII

Cette machine, la plus puissante de toutes celles qui fonctionnaient dans le Palais des machines, est du même type que celle de 100 à 200 chevaux qui fonctionnait à côté d'elle. C'est le type actuel de toutes les machines horizontales que construit la maison Farcot.

Ce type de machine créé par la maison Farcot diffère de toutes celles du même genre, par des dispositions particulières d'une grande importance au point de vue des résultats économiques.

La dépense de vapeur y atteint, suivant la puissance du moteur, de 7 à 5 k. 5 par cheval-heure.

Ce résultat est dû surtout à la réduction des espaces nuisibles, par le placement des tiroirs dans les fonds. Un second élément d'économie réside dans la disposition de l'enveloppe de vapeur, alimentée par un tuyau direct de grande section, dans lequel, à chaque fermeture des tiroirs d'admission, la vapeur vive de travail se précipite en tourbillonnant autour du cylindre et des fonds en opérant un renouvellement constant des surfaces en contact pour le réchauffage.

Les autres dispositions à remarquer sont : séparation absolue de l'entrée et de la sortie de vapeur pour éviter les refroidissements ; accélération des lois d'ouverture et de fermeture des tiroirs ; arrivée de la vapeur par le haut pour assurer sa siccité ; enveloppe de vapeur rapportée pour éviter les ruptures par dilatations inégales, etc.

14

L'élasticité de puissance constitue également un avantage considérable des machines Farcot à quatre tiroirs. Elles ont été les premières à utiliser pour le déclenchement, par une solution toute personnelle, le retour aussi bien que l'aller de l'excentrique nnique, et ont mis ainsi sous la dépendance du régulateur la variation totale de la détente depuis zéro jusqu'aux 8/10 de la course au lieu de s'arrêter aux environs de 3/10.

La régularité est assurée par le régulateur isochrone Farcot à bras et bielles croisés. — Ce régulateur permet en outre de mettre en marche aussi progressivement et d'arrêter aussi vite qu'on le désire ; en cas d'emportement, il arrête automatiquement la machine.

Le volant de la grande machine se compose d'une jante mince en fonte nervée de 1^m50 de largeur, pesant 21.000 k., et fondue d'un seul jet puis séparée en quatre morceaux. Les seize bras sont en tôle rivée, de section elliptique variable depuis le moyeu octogonal jusqu'à la jante, et les tôles qui les composent sont faites chacune d'un seul coup de presse hydraulique ; ces bras rangés dans deux plans parallèles sont reliés deux par deux par un treillis léger empêchant toute flexion transversale. Ce volant, comme celui de toutes les machines, porte une denture intérieure pour la mise en marche au moyen du treuil-vireur dont nous parlerons.

Toutes les matières sont de premier choix : les fontes, suivant des mélanges bien déterminés pour chaque emploi, sont essayées régulièrement et sortent toutes de la fonderie de l'usine Farcot, y compris le bâti pesant 19.000 k. d'un seul morceau. Toutes les pièces forgées sont en acier de dureté appropriée à chaque fonction ; tous les axes et manetons sont trempés et rectifiés ; les coussinets et bagues d'articulations sont en phosphor-bronze de duretés mises en rapport avec celle des pièces sur lesquelles elles frottent.

Le palier de manivelle est d'un type particulier, à serrage réglable à 1/20 de millim. et disposé en outre pour que chacune des coquilles oscillantes en phosphor-bronze qui le composent soit constamment et malgré les usures appuyée sur l'arbre dans toute sa surface. Le palier de bout d'arbre ou de volant, est à graissage automatique.

Le graissage du cylindre, des boites à tiroirs et des supports de leurs arbres est effectué au moyen d'un seul oléomètre Bourdon à plusieurs tubes compte-gouttes.

La tête de bielle de la grande machine est lubréfiée par le graisseur-pendule Leneveu, basé sur le principe de l'inertie.

Mode de fonctionnement de la distribution Farcot
à 4 tiroirs, type 1889

Le mouvement continu d'oscillation imprimé par la barre d'excentrique *a* au plateau *b* (voir la vue d'ensemble) est transmis par la bielle *c* (fig. 45) au levier *d*.

FIG. 45.

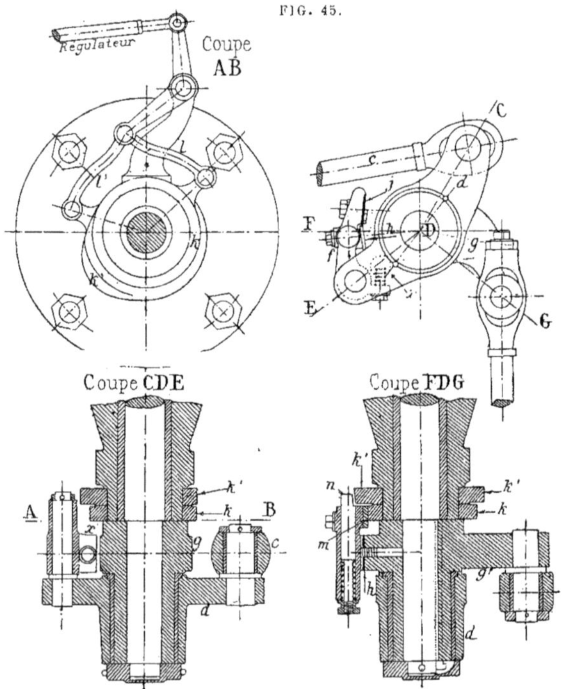

Le levier *d* est fou sur l'extrémité de l'axe du tiroir d'admission; il porte à sa partie inférieure la main d'enclenchement *f* constamment sollicitée vers l'axe du tiroir au moyen d'un ressort intérieur à boudin *x*.

Sur le même axe du tiroir, est calée une manivelle *g*, sur laquelle agit la bielle G du piston de rappel et dont le moyeu porte une platine d'acier h correspondant à la platine j de la main f. On comprend aisément que le tiroir se trouvera entraîné ou non dans le mouvement d'oscillation du levier d, suivant que les platines d'acier h et j seront en prise ou non l'une avec l'autre.

Pour faire cesser cet entraînement, à un moment donné, il suffit de forcer la main f à s'écarter de l'axe du tiroir, en neutralisant l'action du ressort intérieur x qui tend constamment à l'en rapprocher. Ce déclenchement est produit par deux cames en acier $k\ k'$ placées à l'extrémité du support de la distribution et susceptibles de prendre diverses positions par les bielles $l\ l'$ (coupe A B) dépendant du régulateur. Les bosses excentrées de ces cames marchant l'une vers l'autre viennent se présenter plus ou moins tôt sous l'extrémité d'un appendice latéral au doigt m pour écarter cette pédale de l'axe du tiroir. La came k agit directement sur le doigt m pour amener le déclenchement pendant l'aller du tiroir, c'est-à-dire pour les petites introductions jusque vers les 0,35 de la course du piston et la came k' produit au contraire le déclenchement pendant le retour du tiroir depuis 0,35 environ jusqu'à 8/10ᵉ de la course du piston, en agissant sur le doigt mobile intérieur n.

Lors de l'aller du tiroir, ce doigt mobile intérieur n disparaît dans m poussé par un plan incliné latéral de la came k' des grandes introductions : il évite ainsi la bosse de cette came qui empêcherait l'action de la came k par suite de la position à elle imposée par le régulateur, c'est le doigt intérieur n, qui, repoussé brusquement de sa loge par un ressort vient, se présenter derrière la bosse de la came k' pour déclencher à son tour plus ou moins tôt, aux grandes introductions.

Les deux doigts m et n sont, comme les cames elles-mêmes, en acier d'excellente qualité, ce qui assure leur durée. Ils peuvent être remplacés très rapidement et à peu de frais, après plusieurs années de fonctionnement, si besoin en est.

Un des principaux avantages de cette distribution sur celle exposée en 1878 résulte de ce que l'organe de déclenchement qui agit pour les grandes introductions ne fonctionne pas constamment. Il n'est mis en mouvement que lorsque la première came, celle des petites introductions, n'a pas suffi pour déclencher, de sorte que, dans la marche ordinaire et habituelle, le doigt intérieur n se transporte librement dans l'espace sans subir ou produire aucun frottement sur la bosse ou sur le flanc de la came k'.

Un autre avantage de la disposition actuelle plus important encore, résulte de ce fait que les efforts perturbateurs transmis sur le pendule par le déclic sont réduits au minimum ; les bosses des cames étant constituées à très faible pente de façon à neutraliser, au moins en grande partie, ces efforts par le simple frottement des cames autour du support sur lequel elles jouent.

La disposition spéciale de l'une des cames empêche tout emportement de la machine en cas d'accident au régulateur. Car, en admettant que pour une cause quelconque, le régulateur s'arrête et tombe en bas de sa course, la machine, au lieu de s'emporter, s'arrête par la suppression d'introduction et prévient ainsi son conducteur; c'est là un résultat, utile dans tous les cas, et d'une importance capitale dans les applications aux éclairages électriques industriels. Chacun sait, en effet, qu'une machine dynamo-électrique peut être détériorée en quelques instants si sa vitesse devient excessive par suite de l'emportement du moteur qui l'actionne.

Treuils-vireurs.

La plupart des machines munies d'appareils vireurs ne peuvent être mises en mouvement que dans un sens déterminé. Le treuil-vireur exposé par la maison Farcot permet au contraire d'imprimer au volant de la machine un mouvement de rotation dans n'importe quel sens, avantage très apprécié d'abord pour les besoins du réglage de la distribution et surtout pour la facilité et la rapidité des mises en marche.

Il présente également, sur la plupart des appareils destinés au même usage, l'avantage de se débrayer automatiquement sans qu'il y ait aucun oubli à craindre de la part du mécanicien, oubli qui, dans certains cas, pourrait avoir les conséquences les plus graves.

Pour tourner au volant de la machine le mécanicien monte sur la pédale a, le levier b imprime alors un mouvement de rotation à l'axe c; sur cet axe et à son extrémité se trouve calé un deuxième levier d qui en tournant va pousser l'arbre e et faire engrener le pignon f avec la denture du volant. A ce moment, le mécanicien imprime un mouvement de rotation dans le sens qui lui convient au volant manivelle g qui commande, par l'intermédiaire d'un pignon et d'une roue h, l'arbre du pignon f. Cette disposition a pour effet de produire sur la dent du volant un effort équivalent à celui que développeraient 20 à 25 hommes tirant directement sur sa jante.

Le débrayage automatique se produit très simplement au moyen du ressort placé sur l'arbre e, ce ressort qui s'est comprimé par le poids de l'homme lorsqu'il a fait engrener le pignon f ramènera brusquement le pignon et le système de leviers à leurs positions primitives lorsqu'il abandonnera la pédale a.

Le mécanicien peut donc suffire à la manœuvre de ce treuil-vireur, avantage très sérieux si l'on pense au nombre d'hommes qu'il faudrait avoir sous la main pour faire cette manœuvre.

MACHINES DE MM. H. LECOUTEUX ET GARNIER
SYSTÈME CORLISS, PERFECTIONNÉ

Planche XVIII

La machine motrice exposée dans le Palais des Machines, classe 52, est du type Corliss, modèle 1868 (1), mais elle n'en diffère que par le mode de construction du cylindre et par certaines pièces de la distribution qui permettent de faire varier l'admission jusqu'à 0,8.

Cette machine est de la force de 150 ch' indiqués à 5 k. et à 65 tours, avec une introduction de 1/8. Elle est à condensation et la pompe à air, à simple effet, est conduite par le prolongement de la tige du piston à vapeur.

Cylindre.— Le cylindre est composé de 3 pièces : figure 2, planche XVIII, une enveloppe en deux parties et un cylindre intérieur. Chaque partie de l'enveloppe porte une boîte pour l'admission et une pour l'échappement; la réunion de ces deux parties se fait au centre par deux brides tournées, rodées l'une sur l'autre et boulonnées après emmanchement à chaud du cylindre intérieur. Cette disposition supprime les difficultés de fonderie et la qualité de la fonte peut être spéciale pour chaque pièce; les obturateurs d'échappement se trouvent ainsi placés à l'intérieur du cylindre et les espaces morts sont considérablement réduits. Le travail que demande la construction d'un pareil cylindre à vapeur est plus grand, mais les conditions de sécurité sont plus grandes aussi, car on évite d'une part les ruptures dues aux dilatations inégales et d'autre part les accidents sont facilement réparables. L'une des parties peut en effet être remplacée sans que les deux autres soient mises hors de service.

La vapeur arrive à la partie supérieure, se distribue aux obturateurs d'admission et l'excédent circule dans l'enveloppe. L'eau de condensation de l'enveloppe s'échappe par un purgeur automatique dans la bâcle d'alimentation ou par une pompe spéciale qui la refoule aux chaudières.

Les obturateurs sont semblables aux anciens obturateurs Corliss.

Le piston dont les segments sont en fonte est coulé creux, nervuré à l'intérieur de manière à obtenir une grande légèreté. Les goujons taraudés destinés à boucher les trous de fonderie sont placés sur le côté du piston, dans les gorges des segments, pour éviter les accidents dans le cas où l'un d'eux viendrait à se détacher.

Distribution. — Nous ne nous étendrons pas plus qu'il ne convient sur le

---

(1) Que nous avons décrit dans notre premier ouvrage *Les machines à vapeur actuelles.*

mécanisme de distribution de vapeur que nous avons déjà décrit dans notre ouvrage principal : *Les Machines à vapeur actuelles*. Les constructeurs ont tenu à conserver les grands ressorts plats Corliss pour la fermeture rapide des tiroirs d'admission, de préférence aux ressorts à air et à vapeur qu'ils ont d'ailleurs essayés. Les ressorts métalliques sont beaucoup plus simples et offrent plus de sécurité; depuis 1873 ils n'ont eu à remplacer que 2 ou 3 de ces ressorts, tous cassés par accident : l'interposition d'un corps étranger entre le ressort et son guide rigide en fonte.

Mais nous signalerons le perfectionnement apporté au mécanisme de déclic.

Pour un travail essentiellement variable : celui d'un laminoir; d'une scierie ou même d'une station centrale d'électricité; le moteur est appelé à passer instantanément d'une force presque nulle à une force très grande; il a tendance au ralentissement; le régulateur dont la course est, avec raison, relativement petite, s'abaisse brusquement et le déclic n'ayant plus lieu, la vapeur est introduite d'un bout à l'autre de la course du piston ce qui constitue une perte. La machine reprend alors une allure précipitée et le régulateur revenant à sa position primitive donne lieu pendant quelques instants à un balancement fort désagréable, très dangereux, provenant de la disproportion entre la puissance et la résistance. Pour remédier à cet inconvénient il fallait donc, ainsi que nous l'avons déjà dit dans la Préface, passer par tous les degrés de la détente proportionnellement à l'effort à vaincre; en un mot, il fallait augmenter l'élasticité de la machine.

C'est le perfectionnement que MM. Lecouteux et Garnier ont appliqué en 1883 à la machine Corliss de 1868 et qui est représenté sur les figures 4 à 7.

La brimballe C conduite par le régulateur est munie d'une 3ᵉ touche I, placée entre les deux autres du type ancien, présentant à sa partie inférieure une contrepente opposée à celle des palettes A. Ces palettes sont aussi munies d'un taquet E monté sur un axe, de telle façon que, lorsque le porte-ressort se déplace dans le sens habituel, flèche *f* où s'opère le déclanchement, ce taquet puisse osciller et s'effacer pour ainsi dire au contact de la touche I; puis lorsque le porte-ressort revient en arrière flèche *f*, le taquet E se redresse et s'engage sous la touche I. On conçoit alors que selon la position en hauteur de cette touche le déclanchement puisse s'opérer dans le mouvement de retour du porte-ressort. C'est ce mouvement de retour qui permet de porter l'introduction aux 8/10ᵉˢ de la course en passant par tous les degrés intermédiaires.

La distribution primitive de Corliss présentait un autre inconvénient : Si pour une cause quelconque le régulateur cessait de fonctionner et tombait en bas de sa course pendant la marche, la machine risquait de s'emporter. Les constructeurs ont paré à ces risques en prolongeant les palettes de déclanchement en arrière de leur plan incliné par une contrepente A'. La brimballe

étant munie de deux talons B placés à l'opposé des touches de déclanchement, par rapport à son axe d'oscillation, bascule sous l'action du régulateur
qui tombe à fond de course et vient appuyer sur les contrepentes A' des
palettes. Celles-ci se trouvant soulevées ne peuvent plus entrer en contact avec
les pièces de commande des tiroirs qui restent alors fermés et la machine
s'arrête d'elle-même.

Condensation. — L'appareil de condensation, figures 1 et 8, est formé
d'une caisse renfermant la pompe à air à un piston plongeur à simple effet;
une série de petits clapets circulaires en caoutchouc spécial, découvrent une
large section de passage à l'eau et à l'air pour une faible levée, et permettent
d'atteindre un bon vide et de fonctionner à grande allure sans bruit.

Construction. — Les pièces de forge : arbre, manivelle, bielle, crosse et
tige de piston et bouton de manivelle sont en acier. La manivelle et la bielle
sont en métal doux, l'arbre en métal moins doux mais non susceptible de
prendre la trempe. L'acier offre des conditions de sécurité que ne présente
pas le fer, mais il faut être bien sûr de la qualité du métal et pour cela faire
des essais fréquents (1).

Les coussinets des paliers et les coulisseaux de la crosse de piston sont en
fonte et garnis de métal blanc de composition spéciale. Les coussinets de la
bielle motrice sont en bronze dur garni également de métal blanc. Les autres
coussinets qui ont moins de fatigue sont en bronze phosphoreux. Nous devons
une mention particulière au métal blanc qui a toujours donné les meilleurs
résultats et que les constructeurs ont adopté pour toutes les pièces de fatigue
soumises au frottement.

Pour répondre à l'objection que l'on faisait au mécanisme de distribution
Corliss, les constructeurs ont depuis quelque temps déjà, pris le parti de cé-
menter, tremper, rectifier à la meule et roder tous les axes, afin d'augmenter
leur résistance à l'usure, tout en apportant les plus grands soins et la plus
grande précision aux alésages et en garnissant les douilles de bagues également trempées et rectifiées.

Graissage. — Le graissage du cylindre se fait au moyen de graisseurs, dit
compte-gouttes, dont le principe est basé sur la condensation de la vapeur à
l'intérieur de l'appareil. La graisse employée est une graisse minérale. La
lubrification des paliers de la tête et du pied de bielle est faite à l'aide d'une
graisse spéciale et l'huile minérale est seulement employée pour le mouvement de distribution, et les glissières.

---

(1) Nous avons rapporté en détail, les conditions de résistance des métaux et les conditions
des essais, dans notre *Manuel des constructions métalliques et mécaniques*.

Machines de la Station Cie de la S^té
pour la transmission de la force par l'électricité

La paire de machines jumelles exposée dans cette station est du même type que celle que nous venons de décrire.

La force nominale du groupe est de 500 ch' à la vitesse de 60 tours, et d'après le programme qui a été donné aux constructeurs par la Société, les deux machines doivent pouvoir développer, sans aucun danger d'échauffement ou d'usure anormale, la force de 1.000 chevaux.

C'est ce qui explique l'importance donnée aux surfaces frottantes. Ces machines destinées à être installées dans une grande station centrale d'électricité où elles seront appelées à mettre en mouvement des dynamos pour la transmission à distance de la force le jour et de la lumière la nuit, doivent pouvoir marcher jour et nuit sans interruption. En cas d'arrêt de l'une d'elles pour une cause quelconque, il faut que sa jumelle fasse le travail total et toutes deux ensemble doivent pouvoir faire le travail d'un groupe voisin en supplément du leur, la question de consommation de vapeur étant réservée. La transmission qu'elles actionnent doit recevoir plus tard à chaque extrémité des manchons d'accouplement

Tout ce que nous avons dit dans les pages qui précèdent pour la machine type Corliss exposée dans le Palais des Machines s'applique aux machines dont nous parlons.

Les appareils de condensation seuls sont différents et entrent dans le type de ceux que l'on a l'habitude de voir avec les machines Corliss. La pompe à air de chaque machine est à double effet ; elle est commandée par un balancier qui reçoit de la crosse du piston un mouvement d'oscillation, et porte en même temps une pompe d'alimentation et une pompe de purge.

Les tiges de commande des obturateurs et le mode de garniture de ces tiges ne ressemblent pas à ce qui a été fait pour la machine de la classe 52. Les tiges sont en deux parties et le joint est métallique sans intermédiaire d'aucune garniture. C'est la pression de la vapeur aidée d'un petit ressort à l'arrière qui met en contact intime les deux surfaces de la tige en acier trempé et de la bague en bronze du guide. La figure 3 de la planche XVIII montre bien la nouvelle disposition.

Le volant de 30,000 k. large de 1^m.551^m est composé de deux volants de 15.000 k. assemblés entre eux et destinés à recevoir chacun une courroie de 0,750 de large.

Transmission. — La transmission intermédiaire présente quelques particularités. Une transmission de cette importance, c'est-à-dire susceptible de transmettre à un moment donné près de 1000 ch. à 180 tours, devait être montée avec des précautions spéciales au point de vue de l'échauffement des coussinets et devait présenter toute facilité de réglage et de rattrapage d'usure.

Les paliers sont du type des paliers moteurs des machines, mais moins importants. Les coussinets garnis de métal blanc ont une largeur plus que double du diamètre (0,480 pour 0,220). Les patins rabotés reposent sur des semelles en fonte également rabotées et qui sont encastrées dans la maçonnerie. Les coussinets étant en 4 pièces. le serrage peut se faire dans tous les sens : à la partie supérieure par les boulons du chapeau ; sur les côtés par des vis latérales, et à la partie inférieure par de fortes vis qui, s'appuyant sur les semelles, permettent de soulever le palier tout entier. Les paliers sont eux-mêmes réglables dans tous les sens ; ils peuvent être facilement alignés et dégauchis par la manœuvre des vis fixées dans les semelles et de boulons de serrage glissant dans des trous ovales.

En résumé, l'ensemble des machines et des transmissions présentées dans ce pavillon offre le spécimen d'une portion d'usine centrale d'électricité, établie dans des conditions déterminées et suivant un programme bien défini : machines à vapeur à faible vitesse essentiellement économiques au double point de vue de la consommation et de l'entretien, actionnant une série de machines dynamos marchant à une vitesse dix fois plus grande.

MACHINES DE M. SCHNEIDER ET Cie, AU CREUSOT.
SYSTÈME CORLISS MODIFIÉ

Planche XXIX.

Cette machine, qui donnait le mouvement à une partie de l'Exposition française, est à un seul cylindre, elle comporte quelques modifications au mécanisme de distribution et au régulateur, par rapport aux machines antérieurement exécutées au Creusot d'après les brevets de 1879 de G. H. Corliss.

Au point de vue de l'exécution cette machine a été très remarquée. Toutes les pièces étaient finies avec une grande perfection et même un certain luxe. Sa marche était absolument silencieuse.

Ces machines peuvent s'établir à deux cylindres fonctionnant en Compound, ainsi qu'on en voyait des exemples à l'Exposition ; mais dans bien des cas ce fonctionnement n'est pas avantageux, pour les diverses raisons que nous avons développées dans la Préface.

Les figures 1 et 3 donnent l'ensemble de la distribution ; les figures 3 et 4 donnent la construction du cylindres ; la figure 2 donne le profil du régulateur et la coupe des glissières.

Le mécanisme de déclic, figure 5, est le même que celui du brevet 1879. Nous en avions indiqué le principe dans notre premier ouvrage (1).

La figure 6 donne la construction actuelle du piston de rappel ; les garnitures en cuir ont été remplacées par des segments métalliques et élastiques.

Les obturateurs d'émission placés à la partie inférieure du cylindre, sont abaissés par rapport à la position qu'ils occupaient dans les machines précédemment construites, de telle façon que ne pénétrant plus dans le cylindre, ils ne soient jamais rencontrés par le piston dans le cas d'une manœuvre maladroite à la main de la distribution.

Une autre conséquence heureuse de cet abaissement c'est que le piston est mieux soutenu à ses fins de course, ce détail pratique a son importance.

L'enveloppe de vapeur dans cette nouvelle machine, est plus complète que dans les précédentes ; les pistons de rappel des obturateurs d'admission et le frein à huile du régulateur sont tous placés au-dessus du sol, par conséquent plus faciles à surveiller et à entretenir.

Par suite des exigences nouvelles au point de vue de la constance de la vitesse des machines, résultant surtout de l'application des moteurs à la commande des dynamos. M. Schneider et Cie ont été amenés à modifier la disposition du régulateur et du mécanisme de commande du déclic.

Le degré d'isochronisme a été augmenté. La force vive radiale des boules et les oscillations qui en peuvent être la conséquence ont été atténuées par l'emploi du régulateur à grande vitesse de Porter. Les dispositions adoptées ont eu pour but de réduire dans la plus large mesure les résistances opposées aux déplacements du régulateur. Le levier de Foucault qui porte le contrepoids de réglage de la vitesse de la machine, permet pour chaque application, de régler le degré d'isochronisme du régulateur (2).

La disposition des leviers, conserve la faculté d'arrêter la machine en cas d'arrêt accidentel du régulateur par suite de la rupture ou du glissement de la courroie. Cette condition est absolument indispensable dans les machines avec action du régulateur sur la détente.

Le plus souvent les machines que fournit le Creusot sont munies d'une petite pompe spéciale qui refoule aux chaudières l'eau condensée dans l'enveloppe du cylindre et dans les tuyaux d'amenée de vapeur.

Pour cette machine le condenseur et la pompe à air sont placés à la suite du cylindre à vapeur sur le même axe. Mais quand l'emplacement ne permet pas d'adopter cette disposition, on établit la commande de la pompe à air au

---

(1) Nous avons donné les calculs pratiques des régulateurs dans notre ouvrage principal : *Les Machines à vapeur actuelles.*

(2) *Idem.*

moyen d'une bielle articulée au bouton de la manivelle allongé à cet effet, et cette pompe à air est placé verticalement dans l'axe de l'arbre, sous le sol.

Ce sont les deux dispositions adoptées pour les machines à condensation.

Voici les dimensions et conditions de fonctionnement de cette machine :

Diamètre du piston, 750. Course, 1,400.
Nombre de tours, 60. Puissance, 450 ch^x.

Il résulte de ces dimensions que la vitesse linéaire du piston est : 2^m,80.

Voici à titre de renseignement les puissances en chevaux de 75 kgm. que peuvent développer les machines de ce système de dimensions moindres, marchant avec ou sans condensation, pour diverses pressions de la vapeur et pour divers degrés d'admission.

Machine de 550-1100 à 63 tours.

MACHINES SANS CONDENSATION		MACHINES A CONDENSATION					
Pression initiale		Pression initiale			Pression initiale		
4 kil.	5 kil.	4 kil.			5 kil.		
Adm. 1/4	Adm. 1/5	Adm. 1/5	Adm. 1/7	Adm. 1/10	Adm. 1/5	Adm. 1/7	Adm. 1/10
100	110	140	105	75	170	130	100 ch^x

Machine de 650-1250 à 60 tours.

4 kil. h. 50	5 kil. h. 50	Pression 4 kil. h. 50		Pression 5 kil. h. 50	
Adm. 1/4	Adm. 1/5	Adm. 1/5	Adm. 1/10	Adm. 1/5	Adm. 1/12
155	165	200	120	250	127 ch^x

COMPOUND DE M. BERGER-ANDRÉ
TYPE CORLISS 1887.

Planche XXX.

Cette Compound était l'une des machines motrices de la Grande Galerie.

Ses dispositions générales se voient figures 1 et 2, dans la figure 1 nous avons supposé le condenseur et le réservoir vus. La figure 6 donne l'angle des manivelles et les calages des excentriques. La vapeur pénètre par la partie inférieure, dans l'enveloppe du petit cylindre, d'où elle est introduite, par la soupape de mise en train, sur les distributeurs d'admission commandés par un mécanisme à déclic. La vapeur, en sortant du petit cylindre, se rend dans le réservoir intermédiaire muni d'une double enveloppe qui reçoit la vapeur directe de la chaudière. Cette vapeur d'échappement ainsi réchauffée arrive sur les distributeurs du grand cylindre également muni d'une enveloppe de vapeur, en passant par une tubulure inférieure et un conduit contournant l'enveloppe du grand cylindre, la vapeur se rend au condenseur placé au-dessous du sol et commandé par le bouton de la manivelle prolongé.

Le robinet d'injection est commandé par une manette I.

Distribution au petit cylindre. — Les quatre distributeurs du petit cylindre sont conduits par un excentrique unique a figures 3 et 6. Les deux distributeurs d'admission placés à la partie supérieure sont munis d'un organe de déclic soumis au régulateur.

Cet organe se compose, figure 5 : d'un excentrique c entouré d'un collier b portant un cliquet mobile e, cet excentrique c peut tourner sur la douille d de la tige de l'obturateur. Le mouvement alternatif donné par l'excentrique de distribution est transmis par une bielle articulée en a au collier b. Le cliquet e appuie sur une des extrémités d'un levier double f g qui est calé sur laxe des tiroirs de distribution. L'autre extrémité g de ce levier f g est reliée par la bielle à un piston atmosphérique qui assure la fermeture rapide du tiroir.

Les excentriques c sont actionnés par le régulateur par l'intermédiaire des bielles h et du levier à trois branches i figures 1 et 5. Pendant que le collier b est mis en mouvement par la bielle a, le cliquet e qu'il porte est rapproché ou éloigné du centre x, suivant la position donnée par le régulateur à l'excentrique c. Par suite, la durée du contact entre le cliquet e et le levier f, qui détermine celle de l'admission, sera plus ou moins longue. Actuellement l'articulation n étant au point 2 et le centre de l'excentrique c en 2 le déclic n'a pas lieu pour la positioon 1, 1 le déclic a lieu au début de la course. Au moment de l'interruption du contact, la fermeture brusque de l'admission a lieu par suite du rappel du levier f par la tringle g du piston atmosphérique

L'excentrique *c* porte une came *k* qui, en cas de rupture de la courroie motrice du régulateur et pour la position 3-3 de l'excentrique *e* vient soulever le cliquet *e* et empêche ainsi toute admission de vapeur.

On voit par la figure, qu'un très faible déplacement de 2 à 1 de l'excentrique *c* suffit pour faire varier la durée de l'admission, et qu'ainsi la parfaite régularité de la marche est assurée.

Pendant les mouvements circulaires et alternatifs des pièces du déclanchement autour du point central, le cliquet *e* reste toujours normal au levier *f*, de telle sorte que l'enclanchement est toujours assuré, ce qui permet de donner à la machine une grande vitesse.

L'étanchéité est obtenue, pour les tiges d'obturateurs, par un joint métallique, et pour la tige du piston, par une garniture entièrement métallique.

Les têtes de piston en acier portent des glissières coniques réglables au moyen de coins mobiles.

Tous les détails de construction de la machine ont étudiés avec le plus grand soin. Les pièces de fatigue sont en acier et tous les tourillons en acier spécial sont trempés et rectifiés.

Distribution au grand cylindre figures 4 et 6. — Les distributeurs d'admission sont conduits par un excentrique *b, b* calé à 45° avec la manivelle B, sans organe de déclic ; et les distributeurs d'évacuation sont conduits par un deuxième excentrique *b, b*. Ces excentriques et les leviers intermédiaires sont disposés de façon à obtenir des ouvertures et fermetures aussi rapides que dans les machines Corliss ordinaires.

Cette disposition simple diffère essentiellement de celle employée pour la plupart des machines Corliss exposées, dans lesquelles on emploie au grand cylindre le même mécanisme à déclic que pour le petit cylindre.

Comme nous l'avons dit dans la Préface : le déclic au grand cylindre présente l'inconvénient de ne pas permettre une introduction suffisante ; tandis que la distribution par simple excentrique satisfait à cette condition.

Condenseur. — Pour éviter tout retour d'eau du condenseur au cylindre, au cas où la machine tournerait sans vapeur avec le robinet d'injection d'eau ouvert, une soupape reniflard, permettant de régler le degré de vide au condenseur, est montée sur la chambre de condensation, qui reçoit en outre elle-même un flotteur à soupape, qui s'ouvre lorsque l'eau atteint un niveau anormal et permet une entrée d'air empêchant le vide d'être plus élevé dans le cylindre que dans le condenseur.

Les machines construites par M. Berger-André ont été l'objet d'essais très sérieux et très satisfaisants, notamment par les ingénieurs de l'Association alsacienne des propriétaires d'appareils à vapeur.

COMPOUND DE M. ESCHER WYSS ET Cie.

SYSTÈME FRIKART.

Planches XXXI et XXXII et figure 46.

La machine dont nous nous occupons ici était une des machines motrices de la Galerie des machines. Sa construction, comme celle de toutes les machines exposées par la maison Escher Wyss et Cie était d'une grande perfection, aussi son fonctionnement ne laissait rien à désirer.

Diamètres, 370-550. . . . . . Course 800
Nombre de tours 80. . . . . . Force 150 chevaux

Les machines du système Frikart (celle-ci et celle qui suit, pl. XXXIII), ont eu à l'Exposition un réel succès justifié par l'importance des commandes qui ont été faites aux constructeurs.

Les dispositions générales et de détails se lisent bien sur les diverses figures que nous donnons dans les planches XXXI et XXXII et la figure 46 ci-contre en donne de plus une vue en perspective.

Comme on le voit en plan et figure 2, planche 31, les cylindres sont fondus d'une seule pièce avec leur chemise, les boîtes de distribution et les conduits de vapeur ; ces cylindres sont boulonnés sur leurs socles respectifs, dans l'intérieur desquels débouchent les conduits d'arrivée et d'échappement.

Les pistons garnis de deux segments retenus par une rondelle emmanchée de l'arrière, sont accouplés aux manivelles calées à 90° aux extrémités de l'arbre du volant à gorges. Ce volant est en deux pièces, il comporte 10 bras alternant, sur 2 rangs, dont 5 sur chaque moitié, il est muni d'une denture intérieure qui permet, au moyen des leviers à cliquet indiqués figure 1, de placer les manivelles au point convenable pour le départ.

La figure 3 planche 31 est la coupe transversale du petit cylindre et fait voir la soupape de mise en train. La figure 2, planche 32 est la coupe transversale du grand cylindre, elle fait voir la disposition des conduits d'arrivée et d'échappement ; le conduit d'arrivée est surmonté d'une soupape de sûreté qui assure une limite de pression dans les conduits intermédiaires.

'La vapeur sortant du petit cylindre passe dans un récipient où elle circule autour de 7 tubes dans lesquels passe de la vapeur venant des générateurs.

Ce récipient est donc aussi un réchauffeur.

La figure 3, pl. 32 donne la coupe transversale par les distributeurs du grand cylindre. Les tiges de ces distributeurs n'ont aucun presse-étoupe, comme nous l'avons vu dans presque toutes les machines à distributeurs oscillants, une simple douille roddée sur une embase de la tige forme un joint étanche, le

FIG. 46.

Compound
de M. Escher Wyss et Cie
système Frikart

contact de ces deux pièces est assuré par un petit ressort extérieur qui s'appuie d'un côté sur la douille, de l'autre sur une rondelle fixée sur la tige.

La disposition de ces distributeurs oscillants, par rapport au cylindre, est indiquée dans la figure 2, planche 31, on voit que les distributeurs d'échappement placés assez bas oscillent de telle façon qu'ils ne pénètrent jamais dans le cylindre et par conséquent ne peuvent jamais être rencontrés par le piston dans le cas d'une fausse manœuvre à la main.

Ces distributeurs sont manœuvrés dans les deux cylindres par un mécanisme à déclic nouveau qui constitue le *système Frikart*, et qui permet de régler l'admission de 0 à 0,7; cette réglementation qui se fait à la main pour le grand cylindre, est contrôlée par le régulateur dans le petit cylindre.

La construction du régulateur se voit en élévation dans la figure 1, planche 31 et en coupe transversale dans la figure 4. Ce régulateur du système Porter, est supporté par une sorte de colonne renflée par le bas et venue de fonte avec le bâti de la machine. Le manchon du régulateur formé de deux rondelles boulonnées est guidé par deux petites tiges qui, pénétrant dans la colonne-support, portent un petit piston annulaire amortisseur, qui empêche les déplacements trop brusques du manchon et par suite les variations trop brusques de l'admission de vapeur. Ce régulateur est commandé par une courroie et les engrenages coniques placés dans le renflement inférieur de la colonne-support.

Avant de décrire le *système Frikart* qui est construit également par la Société alsacienne dans ses ateliers de Belfort, nous allons décrire les dispositions générales de la machine exposée par cette Société.

COMPOUND DE LA SOCIÉTÉ ALSACIENNE

SYSTÈME FRIKART.

Planche XXXIII

La figure 47 ci-contre représente une machine mono-cylindre.

Les deux cylindres, les bâtis et paliers de la machine Compound étant de construction identiquement semblable, nous avons pu sans inconvénient supprimer (fig. 2) une partie de la vue en plan du grand cylindre, dont la figure 3 donne la coupe longitudinale. Les conditions principales sont :

Diamètres 400 — 600; . . . . . Course 1,200;

Tours 75; . . . . . Force 250 chevaux

La construction des cylindres diffère de la précédente, le cylindre proprement dit est emmanché dans son enveloppe portant une bride ronde à chaque extrémité. Les deux têtes de cylindre portant les boîtes cylindriques

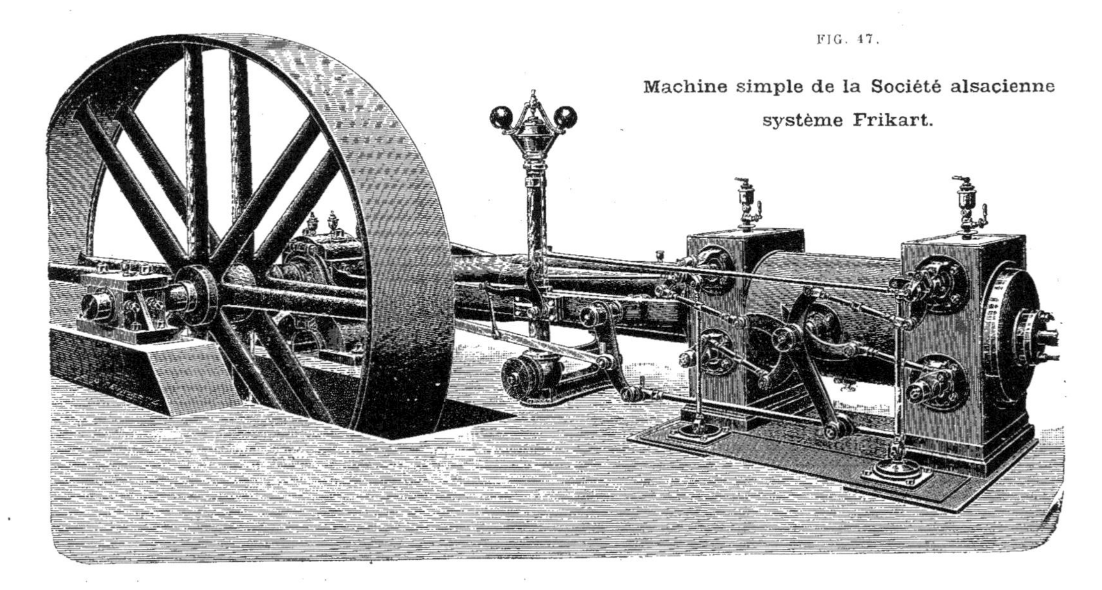

FIG. 47.

Machine simple de la Société alsacienne système Frikart.

des distributeurs viennent se boulonner sur l'enveloppe. Ces deux têtes de cylindre reposent sur les boîtes d'échappement E E' figures 1, 2 et 4. Le tuyau qui réunit ces boîtes supports est contourné, comme on le voit en plan, pour laisser passer les tubulures V et V' d'arrivée de vapeur.

La vapeur sortant du petit cylindre en E arrive en V' dans le grand cylindre (fig. 3.) après s'être réchauffée dans le conduit intermédiaire muni d'une enveloppe de vapeur. Le volant à main P (fig. 2), monté sur une colonnette dans l'axe de la machine sert à manœuvrer le robinet de prise de vapeur placé au-dessous du sol. Le volant de cette machine est aussi en deux pièces et à gorges, mais la denture, pour virer le volant, au lieu d'être intérieure est placée à l'extérieur, en creux, dans l'axe du volant.

Comme dans la machine précédente, les distributeurs des deux cylindres sont conduits par l'intermédiaire d'un mécanisme à déclic, système Frikart donnant une admission variable à la main pour le grand cylindre et une admission contrôlée par le régulateur dans le petit cylindre.

Le régulateur supporté par le bâti du petit cylindre, est identique à celui de la machine planche XXI. Il est, comme le précédent, commandé par courroie, mais pour la symétrie ou pour plus de garantie on a placé une courroie de chaque côté du volant.

L'appareil de condensation est semblable à celui de la machine Woolf, planche XXI. Il sert ici de support au bati-glissière.

Mouvement à déclic. Système Frikart

Planches XXXI et XXXIII

Dans les figures 1, les mêmes lettres indiquent les pièces analogues dans les deux machines. Les quatre distributeurs d'un même cylindre reçoivent le mouvement d'oscillation par un excentrique unique, au moyen de la barre A, du levier F et du croisillon G. Le mouvement des distributeurs d'échappement ne présente rien de particulier, nous n'avons donc à nous occuper que de celui des distributeurs d'admission. Ces distributeurs reçoivent le mouvement du croisillon G par l'intermédiaire d'un mécanisme à déclic, qui, sous l'action du régulateur, peut faire varier l'admission de 0 à 0,70 de la course du piston et cela très simplement comme nous allons le voir.

Dans la figure 1, planche 33, le croisillon G est figuré dans sa position moyenne qui n'est pas celle correspondant au point mort arrière, indiqué sur la vue en plan. Dans la figure 1 de la planche 31, le croisillon G occupe bien la position qui correspond au point mort avant, indiqué sur le plan (pl. 32).

La figure 5, planche 33, représente le mécanisme de déclic proprement

dit, qui est ici celui du distributeur d'arrière, et dont la figure 48 ci-contre reproduit à une plus grande échelle les organes supérieurs essentiels.

Le piston étant au point mort arrière, le levier *a b* occupe la position indiquée sur les figures ; ce levier est libre sur l'axe du distributeur et il porte un doigt *b c* garni d'une platine en acier *c* qui s'appuie sur la touche *e* d'un

FIG. 48.

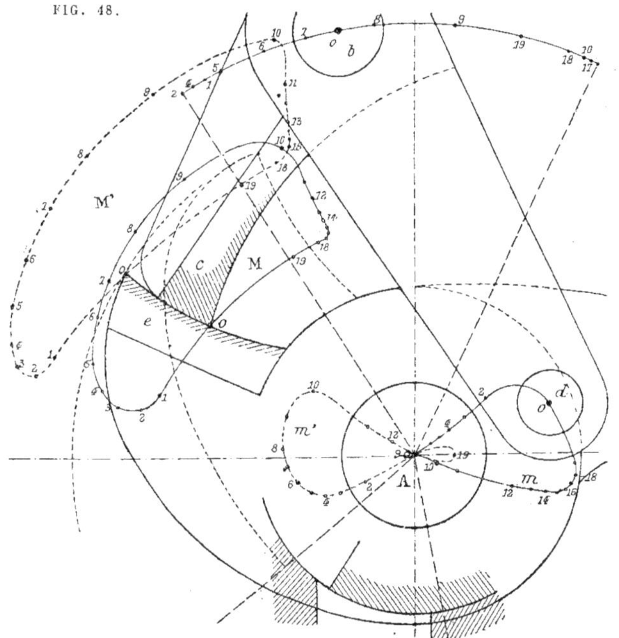

court levier *e* A qui, lui, est calé sur l'extrémité A de l'axe du distributeur. Le distributeur d'arrière est ouvert d'une certaine quantité qui est l'avance à l'admission. Le rayon de courbure de la touche *e* étant égal à la longueur du doigt *b c* il en résulte que l'avance est constante. A partir de la position indiquée, figure 48, l'orifice d'admission s'ouvrira de plus en plus.

Mais le doigt *c* est solidaire du petit levier *b d* et pendant l'oscillation du point *b* le point *d*, relié par des leviers dont nous reparlerons à la barre d'excentrique, se déplace suivant la courbe *m* tracée en plein figure 48 ; il en résulte que de son côté l'arête de la platine *c* décrit la courbe *M* tracée en plein. Si donc on décrit du centre A un arc passant par l'extrémité de la touche *e* le point où cet arc coupe la courbe *M* sera celui où aura lieu le déclic. A ce moment le piston à air attaché en *f* rappellera vivement l'obturateur à la position de repos tracée en éléments. Les points 0 à 19 marqués sur ces courbes *m* et *M* et sur les arcs *a* et *b*, correspondent au tour entier des manivelles, on voit donc que dans la position actuelle le déclic a lieu aux 0,55 environ de la course arrière du piston. Si la touche *e* était plus longue le déclic pourrait n'avoir lieu qu'aux 0,6 de la course. Aux 0,8 environ de la course, le distributeur ferme l'admission sans même que le déclic ait eu lieu.

Nous avons dit que le point *d* décrivait une courbe *m* sous l'action de la barre d'excentrique, voici comment : Le point A de la barre d'excentrique décrit une ellipse, son déplacement vertical est transmis au levier B C D oscillant en C, au point D est articulé un levier à trois branches *e f g* dont le bras *f* est relié par une petite bielle au manchon E du régulateur : nous supposons pour le moment que ce manchon est fixe et dans sa position inférieure ; le point *f* décrit donc un petit arc autour de E et les deux extrémités *e* et *g* se déplacent sensiblement comme le point D ; c'est ce déplacement horizontal qui, transmis aux points *d* par les triangles *h h* et combiné avec le mouvement circulaire de l'axe *b* engendre la courbe *m* tracée en ligne pleine.

Actuellement, si le manchon F du régulateur s'élève à sa position supérieure, le point *f* s'élèvera et les points *e* et *g* subiront un déplacement angulaire relatif autour de D, tout en continuant de suivre les déplacements horizontaux de ce point D, il en résultera que le point *d* décrira maintenant la courbe *m'*, tracée en éléments, et l'arête du doigt *c* décrira la courbe *M'* tracée en éléments. Le point *o* de cette dernière courbe se trouvant précisément à l'extrémité de la touche le déclic a donc lieu au point mort.

Pour une position intermédiaire du manchon E, le point *d* décrira une courbe intermédiaire entre *m* et *m'* et le doigt *c* décrira une courbe entre *M* et *M'* et ainsi l'admission variera sous l'action du régulateur de 0 à 0,55.

La distribution au grand cylindre est semblable à celle du petit, mais le point E est fixe ; la détente au grand cylindre est donc constante et égale au rapport des volumes des cylindres.

Ce système de déclic présente comme on le voit une analogie remarquable avec le système Sulzer que nous avons décrit ailleurs (1).

---

(1) Dans *Les Machines à vapeur actuelles.*

MACHINE A TRIPLE EXPANSION DES ATELIERS POWELL
(MATTER ET Cⁱᵉ, SUCCESSEURS).

Planche XXXIV.

Cette machine étudiée par M. H. C. Powell, était l'une des machines motrices de la grande galerie. Elle comporte quatre cylindres groupées deux à deux en tandem; les pistons de chaque groupe agissant sur des manivelles à 90°.

Voici les diamètres des cylindres de chaque groupe :

$$\text{Diamètres} : \quad \begin{array}{ll} A = 280 & B = 470 \\ C = 400 & D = 510 \end{array}$$

Course commune : 900. — Tours : 70

Cette machine peut fonctionner de trois façons différentes :

1° La pression est suffisante pour marcher à triple détente : On supprime alors les deux tubulures A et *a*. La vapeur est distribuée du cylindre A au cylindre B et enfin se détend dans les deux cylindres C-D.

2° La pression est insuffisante et ne permet que la double détente : alors on rétablit les tubulures A et *a* mais on supprime les tubulures *b b*. La vapeur admise dans les cylindres A et B se détend dans ceux C et D.

Le groupe A-C, a 6 k. et une admission de 35 °/₀ développera 125 chˣ indiqués.

Le groupe B-D a 6 k. et une admission de 20 °/₀ développera 150 chˣ indiqués.

3° Enfin par suite d'un accident ou si on n'a besoin que d'une faible force on peut ne faire fonctionner que l'un des deux groupes.

La vapeur arrivant sous le socle de chaque cylindre figure 4, communique aux distributeurs d'admission *a a*, *b b*. Les distributeurs à haute pression *a a* sont à double siège, ils sont donc en grande partie équilibrés. Les distributeurs *a′ a′*, *b′ b′* servent à l'échappement.

La valeur des espaces nuisibles a peu d'importance dans le fonctionnement Woolf, elle en a encore moins dans le fonctionnement à triple détente.

Les cylindres d'un même groupe sont reliés par trois boulons traversant des entretoises en fonte. Les boîtes à étoupes entre les cylindres sont extérieures à un tube dans lequel passe la tige des pistons ; ce tube, solidaire du presse-étoupes du petit cylindre, porte à chaque extrémité une douille en bronze. Ce long tube empêche toute fuite de vapeur d'un cylindre à l'autre et toute entrée d'air dans le grand cylindre, au moment de la condensation.

Dans chaque groupe de cylindres la commande des distributeurs d'admis-

sion est intérieure, elle a lieu pour les excentriques et les bielles *a a*, (fig. 2, 3). La commande des distributeurs d'échappement est extérieure aux cylindres, elle a lieu par les excentriques et les bielles *b b*, (figures 1, 3). Les distributeurs d'admission du petit cylindre A sont munis d'un mécanisme à déclic (fig. 4), contrôlé par le régulateur suivant le système Correy (1).

Ce mécanisme se compose d'une bielle *a* faisant osciller l'anneau *b*, cet anneau porte à l'intérieur une touche en acier qui accroche la touche montée sur le coulisseau *c* et imprime la rotation au distributeur, la tige *d* en venant heurter sur le coin *e* à surface striée, produit le déclic et la tige *f* reliée à un ressort rappelle vivement le distributeur qui ferme l'introduction et détermine la détente. Le point de la course où commence la détente dépend donc de la position du coin *e*, position qui est déterminée par le régulateur comme on le voit sur la figure 2. Le barillet de déclic *b c* est analogue au dispositif breveté en 1863 par Spencer (1) ; tandis que la disposition des coins de déclanchement *e* commandés par le régulateur constitue le système Correy. Ce système ne produit qu'une faible réaction sur le régulateur dont toute l'énergie reste constamment disponible pour produire le déplacement des coins *e*.

Chaque groupe de cylindres est muni d'un appareil de condensation à piston vertical (fig. 6) commandé par le coulisseau et un levier d'équerre. Le robinet d'injection (fig. 8) est placé en avant de la pompe à air. L'appareil de condensation vu en coupe et en plan (fig. 6) est formé d'une cuve sphérique surmontée d'une cuve cylindrique portant le corps de pompe et divisée en deux compartiments *a* et *b* ; le piston à bout conique est assemblé sur sa tige par une rotule ; les clapets dont la construction est détaillée figure 7 sont inférieurs au fond de *a* pour l'aspiration des eaux de condensation qui arrivent en *a* ; et supérieurs au fond de *b* par où a lieu le refoulement. Cette construction du piston et des clapets assure un bon fonctionnement même à grande vitesse.

Le robinet d'injection (fig. 8) est muni de deux poignées, celle inférieure permet de soulever légèrement la clef du robinet et celle supérieure sert à lui donner l'orientation voulue, puis en détournant la poignée inférieure, on laisse la clef reposer sur son siège. On évite ainsi tout grippement du robinet.

La maison Matter et Cie exposait aussi une machine du système Armington et Sims, dont elle a acquis le privilège de la construction pour la France.

Nous avons décrit ce système en détail dans notre précédent ouvrage (2).

---

(1) Nous avons déjà dans : *Les machines à vapeur actuelles*, décrit le système Correy et le déclic Spencer.

(2) *Les Machines à vapeur actuelles*. — Supplément.

COMPOUND DE LA S^{té} D'ANZIN, ÉTAB_{ts} A. DE QUILLACQ
NOUVEAU SYSTÈME WHEELOCK

Planche XXXV.

La société d'Anzin, établissements A. de Quillacq, a exposé trois machines :

1° Sur le quai d'Orsay, une machine élévatoire de 100 ch^x.

2° Sous le pilier sud de la Tour Eiffel, deux machines à pomper de 150 ch^x.

3° Dans la Galerie des machines, une machine motrice de 300 ch^x dont nous donnons les dessins et que nous allons décrire.

Chaque cylindre comporte, sur son prolongement, un condenseur et pompe. La tuyauterie est établie de telle façon que la vapeur sortant du grand cylindre puisse aller dans l'un ou l'autre des condenseurs ; au besoin la vapeur sortant du petit cylindre peut être dirigée directement au condenseur si ce petit cylindre fonctionne seul.

Distribution. — Nous avons décrit dans notre ouvrage principal (1), la machine Wheelock, à l'Exposition de 1878 ; comportant quatre robinets ou obturateurs groupés deux à deux à la partie inférieure du cylindre. L'un servant à la distribution normale, l'autre à la détente.

Le cône, très léger du reste de ces distributeurs permettait en les enfonçant, de rattraper le jeu résultant de l'usure des surfaces frottantes.

Mais avant qu'on s'aperçut que ces obturateurs fuyaient, ce qu'il eut été facile de vérifier chaque jour par l'usage de l'indicateur (2), il se passait un certain temps. Enfin après un certain nombre de rattrapages de jeu, l'obturateur était hors de service et il fallait le remplacer.

Les nouveaux obturateurs figures 50 sont des tiroirs plans à orifices multiples ou grilles, communiquant tous les deux avec le cylindre. Le premier tiroir *a.* animé d'un mouvement alternatif au moyen de l'excentrique, ne règle que l'échappement, tandis que le deuxième tiroir *b* conduit par le même excentrique, mais en sens inverse du précédent et par l'intermédiaire d'un organe à déclic, règle seul l'avance à l'admission et la détente. Leurs mouvements sont évidemment combinés de telle sorte que, au moment ou le tiroir *b* ouvre les orifices pour l'admission, ceux du tiroir *a* soient déjà fermés pour l'échappement sans quoi la vapeur d'arrivée irait droit à l'échappement.

Les bandes de contact des tiroirs sont très étroites, il en résulte que la pression sur un tiroir est faible et dès que la grille est déplacée de la largeur

---

(1) *Les machines à vapeur actuelles.*
(2) Voir notre *Guide pour l'essai des machines.*

de la bande la vapeur passant sous la grille celle-ci est alors équilibrée et son déplacement n'exige plus qu'un effort insignifiant.

Le mouvement de déclic figure 49 est toujours le même. L'excentrique placé sur l'arbre du volant, donne un mouvement d'oscillation à la barre A C D et au levier B. On peut, en soulevant la barre d'excentrique par la poignée D, la déclancher et, au moyen de la poignée E du levier B, mouvoir, s'il y a lieu, les obturateurs à la main, pour faciliter la mise en marche.

En F, sur le levier B est fixé un tourillon portant la fourchette G K du déclic. L'embase encastrée de ce tourillon est excentrée par rapport à sa tige, ce qui permet de régler la position du déclic. Dans la fourchette se trouve un

FIG. 49.   FIG. 50.

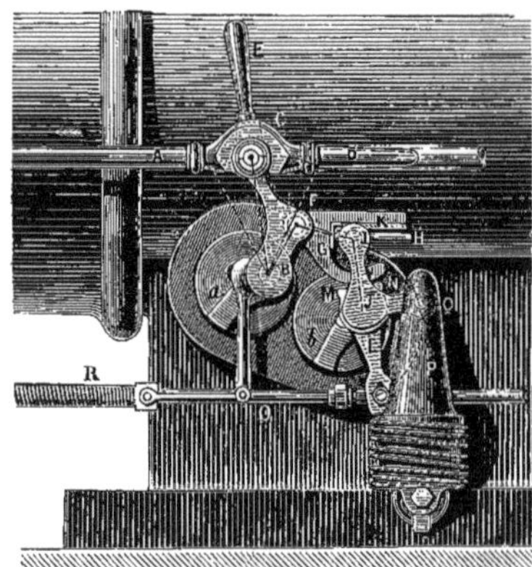
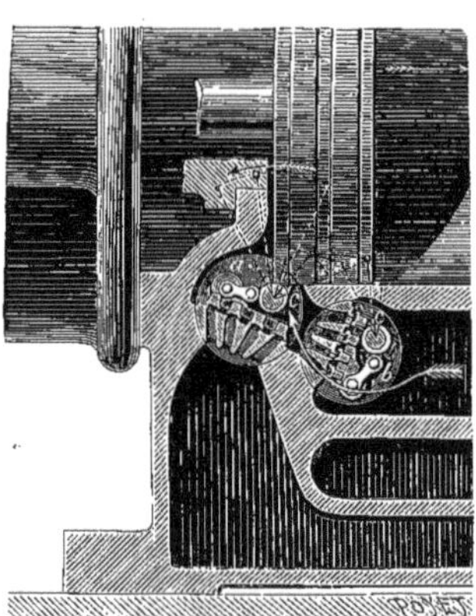

guide cylindrique H, avec une partie plate entrant à frottement doux dans l'épaisseur de la fourchette et pouvant osciller sur le tourillon F. Sur ce guide glisse un dé ou petit cube en acier portant un tourillon I, mobile dans l'œil du levier coudé J. Le poids du déclic G K fait appuyer sa branche supérieure K rectiligne, sur le dé d'acier, ce qui en assure la direction. Sur cette branche rectiligne de la fourchette se trouve fixée, en K, une touche saillante en acier, qui vient se placer devant l'arête du dé, puis l'entraîne et celui-ci entraîne le levier coudé J. En L se trouve un levier mobile sur l'axe J, et il porte sur sa douille 2 petits ergots M et N. La position de ce levier L est déterminée par le régulateur qui lui transmet ses variations par la tringle O. Ces variations ont pour effet de modifier la position de l'ergot M.

17

Quand la barre d'excentrique A recule, et avec elle la pièce G K, le doigt courbe G vient buter contre l'ergot M, se relève et le dé se dégage de la touche K ; le levier coudé J, devenu libre est rappelé par le contrepoids à ressort P qui lui est relié par le tourillon Q et le tiroir d'admission se ferme rapidement.

Au retour de la barre d'excentrique, la fourchette se trouve bientôt dégagée de l'ergot M ; elle retombe sur le dé d'acier que la touche K ressaisit à la fin de la course, prête à ouvrir de nouveau le tiroir.

Sur la tringle O se trouve un ressort R dont on peut varier la tension pour changer la vitesse de régime pendant la marche même.

Pendant la marche le taquet T (voir pl. XXXV), placé sous le régulateur,

FIG. 51.

FIG. 52.

est à droite afin de permettre au régulateur de tomber complétement en cas de rupture de sa courroie. Dans ce cas l'ergot N se rapproche du déclic, soulève la pièce G K, de sorte que l'admission reste fermée.

Au moment d'arrêter, et pendant l'arrêt de la machine, le taquet est en T' afin de permettre, à la mise en marche, l'encliquetage du tiroir d'admission.

Les leviers B et J sont fixés sur des axes en acier trempé tournant dans des douilles T aussi en acier trempé. Ces axes ont un collet U (fig. 51) qui, pressé par la vapeur contre l'extrémité intérieure de la douille, forme un joint étanche.

La table de chaque tiroir figure 52 peut être retirée avec tout son mouvement sans défaire aucune attache ; visitée et remise en place d'un coup sec de masse en bois ; ou remplacée par un système de rechange.

CHAPITRE V

MACHINES A SOUPAPES

MACHINES SYSTÈME SULZER

Les machines à soupapes du système de MM. Sulzer frères de Winterthur, dont la première parut à l'Exposition de 1867 à Paris (1), se sont beaucoup répandues depuis cette époque. Mais il semble que MM. Sulzer aient conservé devers eux le don de les exécuter avec toute la perfection, qu'elles exigent, car les constructeurs qui, au moins en France, avaient acquis le privilège de les construire paraissent y avoir renoncé.

Ce système de distribution, quand il est bien exécuté et réglé, est en réalité à l'abri de toutes les critiques qui ont été faites et c'est ainsi que depuis l'Exposition de 1867 plus de 3.000 machines de ce système ont été exécutées.

Ces soupapes de distribution étant à double siège et presque équilibrées, n'offrent que très peu de résistance aux organes de mouvement et ne s'usent pas. L'ouverture et la fermeture se font sans frottement. Elles restent par conséquent toujours étanches et n'exigent pas de réparations. La consommation de vapeur est donc constante pour toute la durée de la machine.

Les soupapes de l'admission étant conduites par un mécanisme à déclic contrôlé par un régulateur Porter très puissant, la marche des machines est très régulière, quelle que soit la variation du travail.

Ceci dit, nous allons examiner plus particulièrement les machines qui figuraient à l'Exposition :

1° Une machine Compound de 400 chevaux;

---

(1) Dans notre ouvrage : *Les machines à vapeur actuelles*, nous avons décrit les divers systèmes créés par MM. Sulzer frères.

2° Une machine horizontale à triple détente de 100 chevaux;

3° Une machine Pilon à triple détente de 300 chevaux ;

Si à cette énumération on joint les deux machines Compound pilon que nous avons déjà décrites, une machine à glace, on voit de suite quelle importance exceptionnelle MM. Sulzer avaient donnée à leur exposition.

COMPOUND HORIZONTALE DE 400 CHEVAUX
SYSTÈME SULZER

Planche XXVI

Cette machine mettait en mouvement une partie des transmissions du Palais des machines. Les cylindres à haute et basse pression ont leurs pistons accouplés sur manivelles calées à 90°.

$$\text{Diamètres des pistons.} \quad \ldots \ldots \ldots \ldots \quad 500\text{—}800$$
$$\text{Course commune.} \quad \ldots \ldots \ldots \ldots \quad 1^m,400$$
$$\text{Nombre de tours.} \quad \ldots \ldots \ldots \ldots \quad 75$$
$$\text{Vitesse linéaire des pistons} \quad \frac{1.4 \times 75}{30} = 3,50$$

En travaillant à 7 k. 5 et avec condensation cette machine développera :

	10	20	30	40 %
Avec une admission de . . .	10	20	30	40 %
Force en chevaux indiqués. .	315	420	510	585
» chevaux effectifs . .	265	360	430	500
Coefficients de rendement . .	0,84	0,857	0,843	0,85

Par suite de conditions spéciales à l'installation des transmissions, la machine exposée ne faisait que 70 tours.

La grande vitesse des pistons de cette machine (3,50) est remarquable, elle résulte surtout de leur grande course qui présente d'autre part les avantages suivants, que nous avons déjà signalés ailleurs :

1° Réduction des espaces nuisibles par rapport au volume total du cylindre ;

2° Réduction des diamètres des pistons par une force donnée et par suite réduction des pertes de vapeur dans les cas où les pistons permettraient des fuites.

Les détails de construction de cette machine sont ceux que les constructeurs ont adoptés pour toutes leurs machines horizontales.

Nous remarquons que les constructeurs ont abaissé l'axe de la machine le plus possible et ainsi le bâti-glissière repose par ses deux extrémités sur la fondation, ce qui le met à l'abri de toute flexion.

En principe le mouvement de distribution est le même que pour la machine exposée en 1878, mais il a été simplifié pour les soupapes d'admission du petit cylindre, tandis que celui pour les soupapes de décharge est devenu indépendant. L'avantage principal de cette disposition est de pouvoir régler à volonté l'avance et la compression, et il en est de même pour la décharge du cylindre à basse pression, en adoptant l'élément le plus simple et le plus sûr, c'est-à-dire : les cames que l'on a en outre construites en deux parties pour pouvoir les ajuster.

Le mouvement des soupapes d'admission pour le cylindre à basse pression se fait également au moyen de cames, en suivant le principe, que l'admission au grand cylindre doit être fixe et correspondre au rapport des volumes des deux cylindres. Il est bien entendu, que les cames sont réglables comme celles de la décharge, pour pouvoir les ajuster à l'aide de l'indicateur.

Avant d'entrer aux cylindres mêmes la vapeur traverse les enveloppes ; on sait que cette disposition est la plus économique et de beaucoup préférable au chauffage par la vapeur stagnante. L'enveloppe du grand cylindre sert seule de réservoir, car les constructeurs ont abandonné complètement les réservoirs séparés, lesquels, comme il résulte d'un nombre d'essais comparatifs, faits avec les plus grands soins, ne présentent aucun avantage.

Des essais faits avec une machine tout à fait égale à celle exposée ont donné une consommation de 6,353 kg de vapeur par cheval indiqué et par heure, y compris toutes les eaux de condensation des enveloppes.

Le graissage se fait au moyen de petites pompes, qui aspirent l'huile tombant d'un réservoir, elles sont à débit visible et peuvent être réglées à volonté.

Les tiges des pistons sont à grand diamètre et les presse-étoupes renferment des garnitures métalliques, qui se prêtent parfaitement pour soutenir les poids des tiges, tandis que les pistons mêmes sont du type « Ramsbottom » lesquels, surtout à cause de leur faible poids, offrent des avantages notables pour les grandes vitesses.

Les crosses ou têtes des pistons, les bielles, les manivelles et l'arbre de couche ont des tourillons de dimensions très fortes pour présenter beaucoup de surface et réduire ainsi la pression par centimètre carré. Les glissières présentent également de grandes surfaces.

La pompe horizontale est à double effet et disposée au-dessous de la manivelle du cylindre à basse pression, et dans toutes leurs installations les constructeurs tiennent tout particulièrement à avoir des souterrains spacieux et bien commodes pour que l'accès de toutes les parties de la machine soit facile.

MACHINE HORIZONTALE, A TRIPLE DÉTENTE, DE 100 CHEVAUX SYSTÈME SULZER.

Planche XXXVII et figure 53 (phototypie).

L'idée fondamentale, qui a guidé les constructeurs dans l'établissement de cette machine, était de pouvoir adapter à des moteurs de faible puissance, le système à triple détente, lequel, par sa grande économie de vapeur, a donné une si bonne réussite pour de grandes machines. Dans ce but ils ont supposé que leur disposition normale pour des machines horizontales à trois cylindres avec le premier et le second l'un derrière l'autre, et le troisième accouplé sous 90°, ne pourrait pas être applicable à de petites machines, celles-ci devenant trop compliquées surtout au point de vue de la distribution, qui présente alors trop de presse-étoupes, etc.

La machine exposée se compose d'un cylindre à haute pression I à simple effet de 350 $^m/_m$ de diamètre; d'un cylindre à moyenne pression II, aussi à simple effet de 525 $^m/_m$ de diamètre et d'un cylindre à basse pression III à double effet de 700 $^m/_m$ de diamètre; course des pistons 750 $^m/_m$, faisant 85 à 100 tours par minute. En travaillant avec une pression de 10 atmosphères au petit cylindre avec condensation et à 85 tours, la machine développera les forces suivantes :

Admission en centièmes :	10	20	30	40 $^o/_o$
Force en chevaux indiqués :	75	94	118	140
— en chevaux effectifs :	62	78	100	120

Le premier cylindre I est amovible, et pour pouvoir le démonter facilement il peut être posé sur des roulettes, de manière à pouvoir le retirer aisément sur des rails. C'est un travail facile, semblable à celui des foyers amovibles des chaudières tubulaires. Dans ce but on n'a qu'à interrompre la communication aux conduites de vapeur pendant que toute la distribution du cylindre I reste intacte, grâce au manchon d'accouplement M, vu en plan, sur l'arbre de distribution.

Les trois pistons ne forment qu'une seule pièce, et pour éviter les pertes de vapeur du cylindre à haute pression à celui à basse pression, les constructeurs ont établi dans cet endroit une double garniture d'anneaux.

La machine construite d'après ce principe n'est munie que d'une manivelle, d'une bielle, d'une crossette, d'une tige de pistons, d'un seul corps de pistons (bien entendu avec trois pistons), avec un seul presse-étoupe (pour la tige des pistons) et au lieu de 12 soupapes pour les trois cylindres on n'en a que 8, dont une seule reçoit le mouvement variable par le régulateur, tandis que les 7 autres sont actionnées par des cames comme dans les autres machines du système Sulzer.

Les diagrammes des efforts tangentiels transmis à la manivelle, établiraient que ces efforts et par suite le travail moteur est un peu différent pour la course en avant et pour la course arrière, il est moins régulier que dans les machines ordinaires ; mais en augmentant le poids ou le diamètre du volant, on obtiendra une marche qui satisfera entièrement sous tous les rapports, surtout en portant encore au maximum (85 à 100) le nombre de tours que la distribution à soupapes permet.

Les trois cylindres sont munis d'enveloppe. La vapeur arrivant par la tubulure A, dans l'enveloppe B du petit cylindre I, est admise par la soupape de mise en train C, sur la soupape de distribution D dont la levée ou l'admission est contrôlée par le régulateur. A l'échappement la vapeur passe par le tuyau E dans l'enveloppe F du cylindre II et de là à la soupape d'admission.

A l'échappement la vapeur passe par le conduit G dans l'enveloppe du grand cylindre III et de là sur les deux soupapes HH' qui l'admettent alternativement sur les faces annulaires, inégales, du grand piston. Enfin à l'échappement la valeur arrive par le conduit K dans le condenseur.

La vue en perspective, figure 53 prise dans le Palais des machines complète le dessin précédent, on y voit le groupement des organes de distribution et aussi, à l'extrémité de l'arbre des cames, la petite pompe qui produit le graissage continu et automatique des cylindres.

MACHINE PILON A TRIPLE DÉTENTE DE 300 CHEVAUX SYSTÈME SULZER.

Figure 54. (Phototypie.)

Nous n'avons de cette belle machine qe la vue extérieure que nous donnons d'après une photographie prise dans le Palais des machines.

Les constructeurs n'ont pas jugé opportun de nous communiquer les dessins de ce modèle tout nouveau, néanmoins nous n'avons pas hésité à faire les frais de cette reproduction pensant que cela serait agréable à ceux surtout qui l'ont admirée à l'Exposition.

Par l'harmonie de ses différentes parties, la beauté de ses formes et surtout par le fini remarquable de son exécution, cette machine a fait l'admiration de tous les connaisseurs.

Les colonnes inclinées symétriquement aux piliers en fonte supportant les cylindres reposent sur un large socle qui, par son empâtement, inspire toute confiance pour la stabilité de la machine ; en un mot, elle est bien plantée.

Voici ses principales dimensions :

Diamètres des cylindres	400—600—900
Course commune des pistons	600
Nombre de tours	100 à 125

En travaillant à la pression de 10 atmosphères au petit cylindre, avec condensation et à 125 tours par minute, la machine développera les forces suivantes :

avec une admission de.	20	30	40 °/₀
une force en chevaux indiqués. . . .	285	360	435
ou en chevaux effectifs.	240	300	370

Contrairement à ce que nous venons de dire pour les machines horizontales à triple détente, cette machine représente le type d'un moteur de grande puissance et nous ajouterons même, que celle exposée, sera probablement le modèle le plus petit de ce type, aussi la machine est munie de tout ce qui est nécessaire et agréable pour un grand moteur, comme : système très complet de graissage automatique, appareil vireur à vapeur, etc.

Le type vertical a sans doute l'avantage de supprimer l'influence des poids des pistons, mais quant à la stabilité et à l'accessibilité de tous ses organes, il est certain, qu'il n'est pas aussi pratique que celui des machines horizontales.

L'idée qui a guidé les constructeurs dans la disposition de la machine exposée, était de réduire autant que possible ces inconvénients, en permettant au mécanicien de surveiller toutes les pièces sans être obligé de monter des escaliers, plate-formes, etc., pour le service normal. Pour arriver à ce but tous les mouvements de la distribution par exemple, se font du côté inférieur des cylindres, il n'y a rien à surveiller au-dessus de ces derniers, si toutefois il ne s'agit pas d'une réparation, comme par exemple : de sortir un piston, une soupape, etc.

Les constructeurs étant convaincus que la distribution à soupapes est la meilleure au point de vue de l'étanchéité, principalement pour les grandes machines, ils ont voulu l'appliquer aux trois cylindres et d'une manière tout à fait identique à celle qui a lieu pour les machines horizontales ; c'est-à-dire toutes les soupapes ferment vers le bas et leur propre poids, joint à la pression de la vapeur (quoique presque équilibrées), garantissent la fermeture étanche. Il est vrai que par cet arrangement, et pour quelques-unes des soupapes, il en résulte une augmentation de l'espace nuisible, mais, principalement pour les machines à triple détente, cette question de l'espace nuisible ne joue pas un rôle important, ainsi que nous l'avons déjà dit.

Machine à triple détente de MM. Sulzer frères

Machine à triple détente de **MM** Sulzer frères

Les trois cylindres sont disposés de façon à avoir celui à basse pression au milieu, et cela pour obtenir une disposition symétrique et pour mieux pouvoir placer au milieu et à l'arrière la pompe à air et celle d'alimentation commandées par le coulisseau et par un double balancier, etc.

A l'aide de cet arrangement les poids des trois pistons, agissant sur les trois manivelles disposées à 120°, se balancent exactement.

Cette disposition des cylindres est d'autant plus adoptable, que les constructeurs ont renoncé tout d'abord à l'application des passages directs d'un cylindre à l'autre sans tuyautage intermédiaire, ayant trouvé que de tels joints auraient renfermé trop de risques. Ils ont donc préféré d'employer deux tuyaux dont les joints peuvent être facilement accessibles en cas de besoin, et par conséquent, une fois les tuyaux appliqués, il n'y avait pas de raison de disposer les cylindres suivant l'ordre de détente, disposition qui n'aurait pas été favorable, surtout en vue de l'aspect extérieur.

Les trois cylindres sont supportés d'un côté par des bâtis contenant les glissières, et de l'autre par de puissantes colonnes fixées d'une manière très solide à la plaque de fondation. Cette dernière, coulée d'une seule pièce, renferme les 4 coussinets principaux pour l'arbre de couche à trois coudes, lequel comme d'habitude pour les machines marines est du type composé ; les deux parties extérieures reposent chacune sur deux coussinets, pendant que le coude du milieu est boulonné aux deux autres par de fortes brides.

Les axes de toutes les soupapes (à l'exception de celles supérieures du grand cylindre), sont disposés dans un seul plan vertical qui est parallèle aux axes des cylindres et aussi près que possible de ceux-ci. L'arbre de distribution étant placé dans le même plan, actionne directement toutes les soupapes par des cames, à l'exception des deux soupapes d'admission du cylindre à haute pression, lesquelles sont mises en mouvement par un mécanisme à déclic analogue à celui de la pl. XXXIX et permettant un grand nombre de tours. Le principe du mouvement de distribution est celui adopté pour la machine exposée en 1878 : l'ouverture des soupapes d'entrée se faisant presque sans choc, pas trop vite et réduisant le plus possible l'influence des masses en mouvement. Avec un coussinet d'air, comme pour toutes les soupapes d'admission, qui adoucit la fermeture, et grâce à toutes les dispositions et les dimensions de ce mouvement, les constructeurs estiment qu'il se prêtera en général à un nombre de tours allant jusqu'à 125 et 140 par minute, et qu'il en sera de même pour le mécanisme à cames des autres soupapes.

L'arbre de la distribution est logé dans une espèce de tuyau, qui est rempli d'huile jusqu'à une certaine hauteur, de manière que toutes les cames y plongent. Le renouvellement de cette huile fait partie du système central de graissage.

18

Le régulateur de construction habituelle pour grande vitesse sert en même temps pour transmettre le mouvement de l'arbre de couche à celui de la distribution.

Le graissage central est desservi par une petite pompe rotative qui est placée à l'intérieur de la plaque de fondation, assez bas pour que toutes les huiles des paliers, etc., etc., y retournent d'elles-mêmes, de façon à être refoulées en haut sans que la pompe doive vaincre une hauteur d'aspiration.

Le vireur à vapeur est disposé symétriquement au régulateur, et transmet le mouvement directement à l'arbre de couche par des engrenages mobiles.

Nous ajoutons que tous les organes de la machine sont disposés de façon à permettre de prolonger l'arbre de couche d'un côté ou de l'autre ou des deux, ainsi que de placer des volants ou des poulies tout près des paliers extérieurs de la machine même, ce qui présente beaucoup d'avantages pour l'emplacement en général.

Les deux machines à triple détente exposées par MM. Sulzer frères, ont été construites principalement d'après les idées de Monsieur Wilhelm Züblin, leur ingénieur en chef, assisté de Monsieur Jürgen Schübeler, leur premier constructeur pour le département des machines à vapeur.

COMPOUND DE MM. CARELS FRÈRES

SYSTÈME SULZER

Planches XXXVIII et XXXIX.

Cette machine donnait le mouvement à une partie de la section Belge dans le Palais des machines.

La planche XXXVIII donne les vues d'ensemble : élévation et plan ; ainsi que les dispositions générales de l'installation et des fondations par rapport à la transmission supportée par les doubles colonnes.

Ces machines sont du système Sulzer dont la Maison Carels frères de Gand, a acquis depuis fort longtemps le privilège de la construction. Elles sont à condensation. Le mouvement de rotation des manivelles a lieu en arrière.

En voici les conditions principales d'établissement :

Diamètre des cylindres.	525—825
Rapport des sections.	1 à 2,47
Course. . . 1ᵐ. Tours.	60
Vitesse linéaire des pistons	2 mètres
Diamètre du volant à 10 cordes.	5 id.
Vitesse à la circonférence.	15 m. 70

Les appareils de condensation indiqués sur le plan, sont placés sous le sol et la pompe à air est commandée par un levier vertical et une bielle attelée au bouton de la manivelle prolongé.

Le volant de manœuvre **A** placé dans l'axe de la machine sert en même temps pour manœuvrer la soupape d'arrêt, au moyen d'engrenages, et le robinet d'injection d'eau au condenseur, au moyen d'une petite manivelle.

La vapeur en sortant du petit cylindre passe dans un réservoir intermédiaire cylindrique.

Dans la planche XXXIX, nous donnons les principaux détails de construction de cette machine. Dans la figure 1, qui est la coupe par l'axe du petit cylindre, le piston n'est pas tout à fait à fond de course. Ce piston creux, d'une seule pièce et très léger, est garni de trois anneaux élastiques. La garniture de la tige est entièrement métallique ; elle est formée de rondelles coniques en métal blanc pour celles qui adhèrent à la tige et en laiton pour celles qui adhèrent à la boîte ; le couvercle de cette boîte fait joint sur elle et entre la bague rapportée dans ce couvercle et la première rondelle conique en laiton il y a une mince garniture élastique d'amiante ou autre matière ; enfin entre la dernière bague de la garniture et la bague du fond de la boîte il y a un ressort à spirale qui maintient les bagues de la garniture serrées les unes contre les autres. Cette pression constante du ressort fait que les rondelles, par suite de leur forme conique, adhèrent constamment les unes sur la boîte, les autres sur la tige, et cela quelle que soit l'usure de ces dernières.

Cette garniture métallique dont l'adhérence est constamment assurée par la pression d'un ressort, présente beaucoup d'analogie avec celle qui était exposée dans la section des Etats-Unis par la *Métallic Packing Company* de Philadelphie, et que nous décrirons ailleurs.

Le cylindre proprement dit est emmanché de force dans l'enveloppe qui porte les chapelles des soupapes et leurs conduits de communication haut et bas. Cette construction très anciennement employée présente comme on le sait certains avantages : d'abord elle simplifie le travail de fonderie de la chemise ; elle permet de construire le cylindre en fonte dure résistant mieux à l'usure du piston, et de lui donner une épaisseur uniforme, enfin elle permet son remplacement en cas d'usure ou de rupture.

La figure 1 fait bien voir aussi le mode de construction des soupapes et des organes qui leur communiquent le mouvement à l'admission comme à l'échappement.

La figure 2 donne la coupe du cylindre, des soupapes et le mécanisme de déclic, l'excentrique de distribuiion *a* porte un collier *b* suspendu à la petite bielle *c*, il porte un bec *d* armé d'une platine d'acier, l'arête extrême de cette platine décrit une courbe ovale. D'autre part, la tringle *e* porte à sa partie inférieure une chappe armée d'une contre-platine d'acier d, cette tringle e est reliée par son extrémité inférieure aux leviers f g, ce dernier g est lui-même relié a la tige i du régulateur et par l'intermédiaire d'un ressort inférieur h.

Or, suivant la position que le régulateur donnera à la tringle e, les deux platines d'acier seront plus ou moins longtemps en contact et l'admission sera plus ou moins longue. Si le régulateur occupe sa position la plus haute, le contact des platines d n'a pas lieu et, les soupapes ne se levant pas, l'admission est nulle.

Le même collier d'excentrique b porte une oreille où est articulée la tringle k qui conduit à la soupape d'échappement.

La figure 3 donne la coupe transversale du grand cylindre, de construction identique à celle du petit, la coupe des soupapes et le mécanisme qui les conduit. Les soupapes d'admission, comme celles d'échappement, sont conduites simplement par des cames; les périodes d'admission et d'échappement sont donc constantes.

Dans les deux cylindres, la capacité au-dessus des soupapes d'échappement est munie des appareils p p comprenant un robinet que l'on manœuvre à la main à la mise en marche et d'une soupape munie d'un ressort pour la purge automatique.

La figure 4 montre la construction du coulisseau dont nous donnerons ailleurs les proportions en série pour les machines de toute puissance.

La figure 5 donne le détail de la bielle; on remarquera que dans la petite tête à chappe, chaque œil est fendu et muni d'un boulon pour le serrage sur l'axe du coulisseau. Cette construction facilite le démontage.

COMPOUND DE LA SOCIÉTÉ DE BALE
SYSTÈME SOCIN ET WICK

Planche XXXX

Nous avons déjà décrit (1) le système de machine de MM. Socin et Wick tel qu'ils l'ont présenté à l'Exposition de 1878. La Société de constructions mécaniques de Bâle qui a succédé à MM. Socin et Wick, nous présente ce système très peu modifié, appliqué à une machine Compound.

Les figures 1 et 2 donnent les dispositions d'ensemble de cette machine qui fonctionnait à vide dans le Palais des machines et dont les conditions principales d'établissement sont les suivantes :

Diamètres des cylindres .	270 — 400
Rapport des sections .	1 à 2,18
Course 550 tours	80
Puissance en chevaux.	40

D'après ce que nous avons dit dans la Préface, en comparant les machines à simple cylindre aux machines à deux cylindres ou à double détente, Woolf ou Compound, il ne nous paraît pas avantageux d'employer la double détente pour une machine d'aussi faible puissance, tant au point de vue de la consommation de vapeur qu'à celui du coût et de l'entretien d'une machine double.

La figure 3 indique clairement le mécanisme de distribution. Le collier de l'excentrique de distribution a a sa barre articulée en b sur la tige du collier d'un petit excentrique c, l'extrémité supérieure de cette barre porte une platine en acier d qui vient heurter et entraîner la contre-platine d supportée par les deux leviers e e,

L'excentrique c est relié au régulateur et on conçoit que, suivant la position du point d'oscillation b, les platines d seront plus ou moins longtemps en contact, et, que par suite, l'admission sera plus ou moins longue.

Ce mécanisme à déclic est à peu près le même que celui de 1878, mais on y a supprimé un levier intermédiaire qui avait pour but de rendre la levée de la soupape constante, quelle que fut la durée de l'admission.

Pour l'échappement, on emploie des grilles commandées par un excentrique spécial f dont la barre oscille autour du point g et transmet le mouvement à la bielle h.

La distribution au grand cylindre (figure 4) est obtenue par un tiroir plan surmonté des deux tuileaux de la détente Meyer, mais leur écartement une fois réglé, reste fixe, la détente dans ce grand cylindre est donc constante.

---

(1) Dans notre ouvrage : *Les machines à vapeur actuelles.*

MACHINES DE M. WINDSOR

M. Windsor présentait à l'Exposition trois machines à vapeur :

1° Une machine verticale à balancier du système Woolf de 120 ch^x, munie d'organes de détente variable au régulateur, du système Windsor et Hall.

Ce système est une modification de celui que nous avons déjà décrit (1).

FIG. 53.

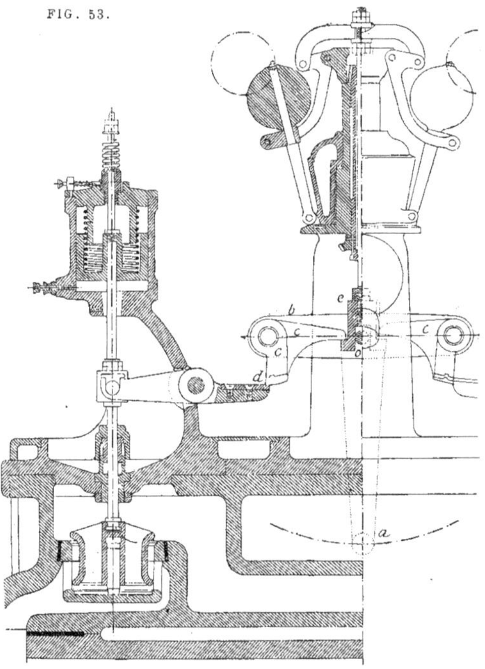

2° Une machine horizontale Woolf, en tandem de 400 chevaux, servant de moteur ſpour une partie de la classe 52, à condensation et détente variable au

____

(1) Dans *Les machines à vapeur actuelles.*

régulateur. Les dimensions principales de cette machine sont les suivantes :

Diamètres des cylindres. . . . . 520 — 900
Rapport des sections . . . . 1 à 3
Course des pistons : 1ᵐ,250 — Tours : 60

Le volant de cette machine a 5ᵐ,500 de diamètre, il porte 16 gorges pour recevoir les cables, son poids est d'environ 25,000 kg., il est en deux pièces.

3° Une machine horizontale à un seul cylindre de 100 chevaux à 70 tours Diamètre du cylindre, 457 ; Course, 1ᵐ,000.

Le volant de cette machine est en deux pièces, il a 4ᵐ,500 de diamètre et porte 8 gorges pour les cables.

Dans ces deux machines horizontales le système de distribution est identiquement le même. L'admission a lieu par des soupapes conduites au moyen d'un excentrique spécial, par un mécanisme à déclic contrôlé par le régulateur. L'échappement a lieu par des tiroirs cylindriques oscillants, genre Corliss, conduits par un excentrique spécial. Cet emploi de deux excentriques, l'un pour l'admission, l'autre pour l'échappement, facilite comme nous le savons, le réglage de la distribution.

La figure 53 donne la disposition du mécanisme à déclic des soupapes.

L'excentrique de la distribution transmet, par l'intermédiaire d'un levier de renvoi, le mouvement d'oscillation au bouton a d'un levier $a\ o$; ce mouvement d'oscillation est transmis au levier double $b\ b$, portant à ses extrémités les taquets à queue $c\ c$; ces taquets armés d'une platine en acier d viennent alternativement heurter les platines des leviers des soupapes et les soulèvent. La queue c du taquet repose sur un dé e et il est clair que, suivant la hauteur de ce dé, la durée du contact des platines d sera plus ou moins longue et l'admission plus ou moins grande. La hauteur de ce dé e est précisément déterminée par le régulateur système Proell dont notre figure donne la construction et dont nous avons donné les calculs complets dans notre ouvrage principal *Les machines à vapeur actuelles*.

FIN.

Paris. — Typ. A. DAVY, 52, rue Madame.

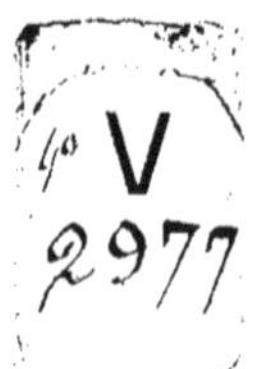